Dixième Leçon.

De la satisfaction ou des œuvres de Pénitence.

D. *Qu'est-ce que la satisfaction?*
R. C'est la réparation que nous devons à Dieu pour expier les péchés que nous avons commis.

D. *Quelles sont les œuvres par lesquelles nous satisfaisons à Dieu?*

R. Elles se réduisent à trois principales qui comprennent toutes les autres ; savoir : la Prière, le Jeûne et l'Aumône.

D. *Quelle est la satisfaction à laquelle nous sommes particulièrement obligés par rapport au sacrement de Pénitence?*

R. C'est celle qui est imposée par le confesseur, laquelle on appelle communément la Pénitence.

D. *Est-on obligé d'accomplir la pénitence imposée par le confesseur?*

R. Oui, on y est obligé sous peine de péché.

D. *Qu'arrivera-t-il à ceux qui étant reconciliés avec Dieu n'auront pas satisfait suffisamment en cette vie pour leurs péchés?*

R. Ils souffriront dans le purgatoire des peines incomparablement plus grandes que les plus rudes pénitences de cette vie.

Onzième

LES VRAIS
PRINCIPES

DE LA LECTURE, DE L'ORTHOGRAPHE ET DE LA PRONONCIATION FRANÇAISE,

PAR MM. VIARD, ET LUNEAU DE BOIS-GERMAIN.

NOUVELLE ÉDITION,

CORRIGÉE ET AUGMENTÉE DE L'ARITHMÉTIQUE ET D'UN ABRÉGÉ DES SCIENCES ET DES ARTS.

PAR UN INSTITUTEUR.

AVEC DES VIGNETTES.

A AVIGNON,

A. CHAMBEAU, IMPRIMEUR-LIBRAIRE.

M. DCCC. XXX.

AVIS SUR CETTE ÉDITION.

L'instruction est le premier besoin de l'homme social ; elle est au moral ce que la respiration est au physique : c'est elle qui forme la base la plus solide des sociétés, les liens les plus doux entre les hommes ; elle dirige leurs désirs vers le beau, l'honnête et le bon, ou, en d'autres termes, vers l'agréable, le juste et l'utile ; elle met des bornes à nos besoins, anime et prolonge nos jouissances, et son code est celui du bonheur public et individuel.

On n'est point obligé d'être savant dans toute l'étendue de ce mot, mais tout le monde doit et peut avoir quelque instruction ; et il n'est plus permis aujourd'hui, même aux cultivateurs les plus pauvres de ne pas savoir lire, écrire et compter.

Aucun ouvrage n'a paru jusqu'à ce jour aussi parfait que celui-ci, pour faciliter l'étude de notre langue aux enfans, qu'il conduit par degrés de l'alphabet à la connoissance des règles de la prononciation, de l'orthographe, de la ponctuation, de la grammaire et de la prosodie française. Aussi de nombreuses éditions en sont faites chaque jour et attestent son succès et son utilité. Cependant pour en faire comme une véritable encyclopédie de la jeunesse, il y manquoit un abrégé de l'arithmétique, et l'explication des choses les plus ordinaires et qui font l'objet des conversations journalières ? N'est-il pas indispensable par exemple, d'avoir les idées générales sur les sciences et sur les arts ? Ne faut-il pas pouvoir rendre raison de ce qui est sans cesse sous nos pas, sur notre tête, ou devant nos yeux ?

Un maître à qui l'étude et l'expérience ont permis de juger tout ce qu'on pourroit faire pour rendre ce livre le plus complet possible sans le rendre moins méthodique et moins élémentaire, s'est chargé de remplir cette lacune par les améliorations et les augmentations qu'il a faites à cette édition, et dont l'importance assure la propriété à l'éditeur.

L'abrégé des *Vrais principes de la lecture*, contenant seulement la première partie de cet ouvrage, se vend séparément et moitié prix.

INSTRUCTION

*Pour les Personnes qui enseignent
à lire.*

On ne s'est pas assez appliqué jusqu'ici à faire connoître aux enfans ce que chaque lettre est en elle-
même. La première attention que l'on doit avoir ,
c'est de déterminer le son propre à chaque lettre. On
leur a donné ici une dénomination particulière , afin
de mieux faire sentir l'inflexion de voix que chaque
lettre exige , et qui la distingue d'une autre lettre à
laquelle elle seroit unie.

O a mis à côté de chaque consonne de l'alphabet
romain , le son simple ou double qu'elle doit avoir.

La dénomination qu'on a donnée aux consonnes
n'est pas une nouveauté ; elle est établie depuis long-
temps par la Grammaire de Port-Royal , et par plusieurs autres bons ouvrages de ce genre.

Jusqu'ici , pour nommer les lettres F , H , L , M ,
N , R , S , X , on a fait dire aux enfans, *effe* ,
hache , *elle* , *eme* , *ene* , *ere* , *esse* , *ixe*. On a cru
qu'il seroit mieux de mettre une voyelle à la suite
de la consonne, et de faire prononcer *fe* , *he* , *le* ,
me , *re* , *se* , *kse ou gze*. Il est bien plus simple de
ne faire entendre, après les lettres F , H , L , etc.
qu'un *e* très-sourd, que de le faire précéder d'un *e*
ouvert, qui laisse toujours subsister l'*e* sourd. Cette
manière de prononcer épargne le son de l'*é* ouvert,

par où commence *effe* , *elle* , etc. On y gagne aussi
le son de l'*i* dans *ixe* , et les sons de *ha* , et de *che* , qui
se trouvent dans *hache* , et qui n'ont aucun rapport
avec le son de la lettre *h* , par-tout où elle est em-
ployée. Il est étonnant que le bon sens n'ait pas encore fait réformer l'ancienne manière de dénommer
les consonnes. Il est encore plus surprenant qu'on
n'ait pas aperçu l'inconvénient de faire épeler les
Enfans. Epeler , c'est , par exemple , pour prononcer
le mot *bale* , faire dire *be* , *a* , *ba* ; *elle* , *e* , *le* : *bale*.
Be , *é* , *bé* ; *te* , *e* , *te* : *bête*.

Il suffit de réfléchir sur le peu de rapport qu'il y a
entre tous ces sons détachés et le mot qu'ils forment ,
pour s'apercevoir que la méthode que l'on adopte
ici est la seule bonne , et la seule qu'il faut préférer.
Toute l'opération consiste à simplifier les sons.

Règle générale : les maîtres doivent faire attention
de faire prononcer le *b* , dans l'alphabet , comme on
le prononce dans la dernière syllabe du mot *tombe* ;
il tombe. Il faut aussi qu'ils fassent prononcer toutes
les autres consonnes avec un *e* muet ; et à la vue de
la lettre D , C , etc. faire dire *de* , comme dans ron*de*
et deman*de* , *ce* , comme dans ron*ce* , constan*ce*.

Pour ne point embarrasser l'élève qu'on instruit , il
ne faut pas qu'on lui fasse lire rien de ce qui paroît
mis pour instruire celui qui enseigne.

Il est encore essentiel d'avertir tout le monde de
ne pas enjamber d'une page à l'autre , mais d'aller
de leçon en leçon. Il est indispensable de faire répéter , à la fin de chaque semaine , ce qu'on a appris à
l'enfant que l'on instruit.

ALPHABETS ROMAIN ET ITALIQUE.

Figure de la lettre.	Nom de la lettre.	Figure de la lettre.	Nom de la lettre.
a .	.	*a* .	.
b .	. be	*b* .	. *be*
c .	. ce *ou* que	*c* .	. *ce ou que*
d .	. de	*d* .	. *de*
e .	.	*e* .	.
f .	. fe	*f* .	. *fe*
g .	. ge *ou* gue	*g* .	. *ge ou gue*
h .	. he	*h* .	. *he*
i .	.	*i* .	.
j .	. je	*j* .	. *je*
k .	. ke	*k* .	. *ke*
l .	. le	*l* .	. *le*
m .	. me	*m* .	. *me*
n .	. ne	*n* .	. *ne*
o .	.	*o* .	.
p .	. pe	*p* .	. *pe*
q .	. que	*q* .	. *que*
r .	. re	*r* .	. *re*
ſ.s .	. ſe *ou* ʒe	*ſ.s* .	. *ſe ou ʒe*
t .	. te ou ſi	*t* .	. *te ou ſi*
u .	.	*u* .	.
v .	. ve	*v* .	. *ve*
x .	. kſe *ou* gʒe	*x* .	. *kſe ou gʒe*
y .	. i *ou* ye	*y* .	. *i ou ye*
z .	. ze	*ʒ* .	. *ʒe*

ALPHABET EN LETTRES MAJUSCULES.

Figure de la lettre.	*Nom de la lettre.*
A.	
B.	BE
C.	CE *ou* QUE
D.	DE
E.	
F.	FE
G.	GE *ou* GUE
H.	HE
I.	
J.	JE
K.	KE
L.	LE
M.	ME
N.	NE
O.	
P.	PE
Q.	QUE
R.	RE
S.	SE *ou* ZE
T.	TE *ou* SI
U.	
V.	VE
X.	KSE *ou* GZE
Y.	I *ou* YE
Z.	ZE

INSTRUCTION
Pour les personnes qui enseignent à lire.

POUR s'assurer que l'éleve connoît bien son alphabet, faites-le lui dire renversé, mêlé de toutes les manières possibles. Faites-lui toujours prononcer ou dénommer les consonnes comme elles sont marquées dans l'alphabet.

L'on doit remarquer, dans ces premières leçons, que tout ce qui est discours & raisonnement, est fait pour le maître, & non pour l'élève. On ne doit attacher le disciple qu'à ce qui est destiné aux leçons qui sont à sa portée.

Dites de vive voix à votre élève : Les lettres se divisent en voyelles & en consonnes. Il y a cinq voyelles & dix-neuf consonnes. Les voyelles sont :

A. E. I., *ou* Y. O. U.

Les dix-neuf consonnes sont :
B. C. D F. G. H. J. K. L. M. N. P. Q. R. S. T. V. X. Z.

Consonnes & voyelles mêlées ensemble

c. d. b. g. h. a. m. n. o. p. q. e. r. ſ. t. v. u. x. z. i.
i. b. f. g. d. e. c. h. m. n. p. j. a. l. r. s. t. u. x. o. z.

A 4

Voyelles renversées.

u. o. y. ou i. e. a.

Alphabet renversé, en romain.

z. y. x. v. u. t. s. ſ. r. q. p. o. n. m. l. k. j. i.
h. g. f. e. d. c. b. a.

Alphabet mêlé, en romain.

p. k. n. r. m. e. d. u. j. l. g. ſ. z. q. b. h. s.
c. i. a. f. x. o. t. v. u. y. &.

Alphabet mêlé, en romain, en italique
& en capitales.

j. b. a. z. r. x. h. g. n. ſ. c. s. P. U. I. D.
O. T. E. Y. M. Q. L. F. V. H. K.

a. Z. b. *y.* c. X. d. *v.* e. V. *f. t.* g. S. *h.* r. i.
Q. j. P. k. o. *l.* n. M.

Alphabet en capitales, romain.

A. B. C. D. E. F. G. H. I. J. K. L. M. N.
O. P. Q. R. S. T. U. V. X. Y. Z.

Alphabet en romain, italique & capitales.

A. b. *c.* D. e. *f.* g. H. i. *j.* K. l. *m.* n. O. *p.*
q. R. *ſ.* s. *t.* u. v. *x.* y. *z.* &.

INSTRUCTION

Pour les Personnes qui enseignent à lire.

DÈS que l'élève distingue bien les lettres, il faut lui faire connoître les caracteres qui varient leurs intonations.

Les pages suivantes sont destinées à donner une première idée des caractères qu'on appelle *accens* ; des trois sortes d'*e*, des deux *u v*, des deux *i j*, & des six consonnes qui ont un son double. On a cru devoir mettre ce tableau sous les yeux des maîtres & maîtresses, pour les avertir d'en donner aux enfans les premières notions.

Pour apprendre à distinguer les accents, il ne faut montrer que la colonne où ils se trouvent marqués. Ce qui est placé à côté d'eux, est destiné à instruire la personne qui les enseigne.

Il faut ensuite tâcher de faire entendre à l'élève, que les différentes sortes d'*e* viennent de ce que les accens dont ils sont marqués, leur donnent une articulation plus ou moins prononcée, parce qu'on appuie plus ou moins sur elles en les prononçant.

On a mis en marge des voyelles marquées d'un accent, des mots qui fervent à déterminer la manière dont le maître doit faire prononcer chaque voyelle. Pour le découvrir, il n'a qu'à prononcer les mots qui fe trouvent dans les exemples.

Il faut faire remarquer que la même lettre fe prononce différemment, dès qu'elle eft marquée d'un accent aigu, grave, ou circonflexe ; & que cette prononciation eft toute différente, lorfqu'il n'y a point d'accent.

Dites de vive voix à votre élève, en lui montrant les accens : Il y a trois accens, l'accent aigu ´, l'accent grave `, & l'accent circonflexe ^.

L'accent aigu ´ eft un caractère qui va de droite à gauche.

L'accent grave ` eft un caractère qui va de gauche à droite.

L'accent circonflexe ^ eft un caractère formé des deux autres accens réunis & adoffés ; il fe met fur les cinq voyelles lorfqu'elles fe prononcent lentement, comme dans les mots *âge*, *bête*, *fîle*, *dôme*, *mûfe*, &c.

Dites auffi à votre élève, fans montrer autre chofe que les caractères rangés perpendiculairement les uns fur les autres, qu'il y a deux fortes d'*i* ; l'*i* voyelle & l'*j* confonne.

i L'*i* voyelle fe figure *i*, et se prononce *i*.

j L'*j*. confonne fe figure *j*, et fe prononce *je*.

Il y a aussi deux fortes d'*u* ; l'*u* voyelle & l'*v* confonne.

u L'*u* voyelle fe figure *u*, & fe prononce *u*.

v L'*v* confonne fe figure *v*, & fe prononce *ve*.

Les deux *j i* & les deux *u v* fe trouvent dans le mòt *juive*.

Faites remarquer qu'il y a trois fortes d'*e* ; l'*e* muet, l'*é* fermé, l'*è* ouvert.

e L'*e* muet eſt l'*e* qui fe prononce fourde-ment : c'eſt celui qui n'a point d'ac-cent , comme on le peut voir dans les mots *lo-ge*, *prin-ce*, &c.

é L'*é* fermé eſt celui qui a un accent de droite à gauche ; *c'eſt l'accent aigu é*, comme dans les mots *fan-té*, *bon-té*.

è L'*è* ouvert eſt celui qui a un accent de gauche à droite ; *c'eſt l'accent grave è*, comme dans les mots *accès* , *procès*, *abſcès*, etc.

En montrant à votre élève les letres *e*, *é*, *è*, *ê*, faites prononcer :

e L'*e* muet, comme dans la derniière fyl-labe du mot *père*.

é L'*é* fermé, comme dans la dernière syllabe des mots *pa-ré*, *pa-vé*.

è L'*è* ouvert, comme dans le mot *très*.

ê L'*ê* marqué d'un accent circonflexe,
  comme dans la première syllabe des
  mots *bê-te*, *tê-te*.

o L'*o* comme dans la première syllabe du
  mot *to-me*.

ô L'*ô* marqué d'un accent circonflexe,
  comme dans la première syllabe du
  mot *dô-me*.

a L'*a* comme dans la première syllabe du
  mot *ta-ble*.

â L'*â* marqué d'un accent circonflexe,
  comme dans la première syllabe du
  mot *pâ-te*.

i L'*i* comme dans la première syllabe du
  mot *hi-ver*

î L'*î* marqué d'un accent circonflexe,
  comme dans la première syllabe du
  mot *fî-le*.

u L'*u* comme dans la première syllabe du
  mot *tu-be*.

û L'*û* marqué d'un accent circonflexe,
  comme dans la première syllabe du
  mot *mû-fe*.

Apprenez auffi à votre élève qu'il y a
  fix confonnes qui ont un fon double :
  ce font,

c. g. h. f. t. x.

c fe prononce *fe*, *ff*, devant *e*, *i*; *Ciceron*.

c fe prononce *ka*, *ko*, *ku*, devant *a*, *o*, *u*, *cave*, *côté*, *curé*.

g fe prononce *je*, *ji*, devant *e*, *i* *genou*, *gibier*.

g fe prononce *ga*, *go*, *gu*, devant *a*, *o*, *u*; *gâteau*; *gofier*, *guenon*.

g fe prononce *g* & *j* dans le mot *gage*.

h fe prononce *há*, *hé*, *hi*, *ho*, *hû*, dans *hâte*, *hêtre*, *hibou*, *hotte*, *hûre*; alors on l'appelle *h* afpirée.

h ne fe prononce point du tout dans *habit*, *Hélène*, *hiver*, *hôte*, *huit*; alors on l'appelle *h* non afpirée.

f fe prononce *fa*, *fe*, *fi*, *fo*, *fu*, au com- mencement des mots *fale*, *feve*, *fire*, *fole*, *fuite*; et lorsqu'elle est précédée d'une consonne, comme dans le mot *danse*.

f fe prononce *z*, entre deux voyelles, *cafe*, *lefe*, *bife*, *dofe*, *rufe*, &c.

t fe prononce *ti*, au commencement des mots *tige*, *tigre*, *tifon*, &c.

t fe prononce, *fi*, dans *abbatial*, *ambi- tieux*, *ambition*, *captieux*, &c.

x fe prononce, *kfe*, dans *Alexandre*, *Alexis*.

x fe prononce *gz*, dans *examen*, *exaucer*.

INSTRUCTION

Pour les personnes qui enseignent à lire.

L'ÉLEVE connoissant bien exactement les consonnes, les différentes articulations que leur donnent les voyelles *a*, *e*, *i*, *o*, *u*, & celles que les voyelles empruntent des accens, il faut lui faire lire de suite la table où toutes les consonnes sont unies avec toutes les voyelles. Elle commence par *ba*; *be*, *bé*, *bè*, &c. Il faut lui faire lire d'abord chaque ligne horisontalement, c'est-à-dire *ba*, *be*, *bé*, *bè*, *bi*, *bo*, *bu*; passer ensuite à la seconde colonne : observer surtout de ne le point faire épeler en l'aidant à prononcer les sons et les syllabes : ainsi il ne faut pas lui faire dire *be*, *a*, *ba*; *be*, *e*, *be*; *be*, *i*, *bi*; *be*, *o*, *bo*; mais tout d'un coup *ba*, *be*, *bi*, *bo* : L'avantage de cette méthode est de faire connoître que les consonnes ont toujours besoin d'une voyelle pour être articulées, que *b* devant *a* s'appelle *ba*; *b* devant *o* s'appelle *bo*, &c.

Sons formés d'une consonne et d'une voyelle.

Ba	be	bé	bè	bi	bo	bu
ca	ce	cé	cè	ci	co	cu
da	de	dé	dè	di	do	du
fa	fe	fé	fè	fi	fo	fu

ga	ge	gé	gè	gi	go	gu
ha	he	hé	hè	hi	ho	hu
ja	je	jé	jè	ji	jo	ju
la	le	lé	lè	li	lo	lu

ma	me	mé	mè	mi	mo	mu
na	ne	né	nè	ni	no	nu
pa	pe	pé	pè	pi	po	pu
qua	que	qué	què	qui	quo	quu

ra	re	ré	rè	ri	ro	ru
ſa	ſe	ſé	ſè	ſi	ſo	ſu
ta	te	té	tè	ti	to	tu
va	ve	vé	vè	vi	vo	vu

xa	xe	xé	xè	xi	xo	xu
ya	ye	yé	yè	yi	yo	yu
za	ze	zé	zè	zi	zo	zu

INSTRUCTION

Pour les perſonnes qui enſeignent à lire.

DÈS que l'élève connoît bien les ſons différens qui réſultent de l'union de toutes les voyelles avec les conſonnes, il faut s'attacher à lui faire lire le tableau alphabétique des mots de deux ſyllabes : on s'eſt attaché à n'y mettre que des ſons qui ſe trouvent dans le tableau , et qui ſont formés d'une conſonne & d'une voyelle.

Il faut ſuivre le même procédé aux pages 18 & 19 ; ces deux pages préſentent une double nouveauté , en ce que , premièrement , la voyelle qui , à la page 17, ſe trouve après la conſonne *b* , &c. ſe trouve ici avant cette même conſonne *b* ; ſecondement , en ce que les mots de la dix-neuvième page , formés des ſons de la dix-huitième , ſont de trois ſyllabes.

Les pages 20 & 21 préſentent deux tables de mots de quatre ſyllabes. La première ſyllabe de chaque colonne commence par l'une des cinq voyelles , miſes tantôt après la conſonne , & tantôt avant la même conſonne , autant qu'il a été poſſible de le faire.

Mots de deux syllabes formés des mêmes sons.

Ba le	bê te	bî fe	bo bo	bu te
ca ve	cê ne	ci re	cô ne	cu ve
da me	de mi	dî me	dò me	du pe
fa ce	fê lé.	fi le	fo ré.	fu té

---

ga ge	gê ne	gî te	go be	gu é
hâ le	hè re	hi re	hô te	hù re
Ja va	Je fu		jo li	ju ge
la ve	le vé	li me	lo ge	lu ne

---

mâ le	mè re	mi ne	mo de	mu le
na pe	né ra	Ni ce	no ce	nu e
Pa pe	pè re	pi pe	pô le	pu ce
qua fi	quê te	Qui to	quô te	qu'une

---

ra ve	rê ve	ri me	ro be	ru fe
fa le	fê ve	fi re	fo le	Su ze
ta xe	tê te	ti ge	to me	tu be
va fe	vé lu	vi ce	volé	vû e

Sons formés d'une voyelle & d'une con-
sonne.

Ab	eb	éb	èb	ib	ob	ub
ac	ec	éc	èc	ic	oc	uc
ad	ed	éd	èd	id	od	ud
af	ef	éf	èf	if	of	uf

ag	eg	ég	èg	ig	og	ug
al	el	él	èl	il	ol	ul
am	em	ém	èm	im	om	um
an	en	én	èn	in	on	un

ap	ep	ép	èp	ip	op	up
aq	eq	éq	èq	iq	oq	uq
ar	er	ér	èr	ir	or	ur
aſ	eſ	éſ	èſ	iſ	oſ	uſ

at	et	ét	èt	it	ot	ut
av	ev	év	èv	iv	ov	uv
ax	ex	éx	èx	ix	ox	ux
az	ez	éz	èz	iz	oz	uz

Mots de trois syllabes, formés des mêmes sons.

A bat tu	é bè ne	o bo le
ac cu fé	é co le	oc cu pé
ad mi ré	E di le	i do le
af fu té	ef fa cé	of fi ce

---

a ga cé	é ga ré	ign é e
al lu re	é lo ge	o li ve
am bi gu	em bal lé	i ma ge
an nu el	en ne mi	in vi té

---

ap pe lé	é pi lé	o pé ra
a qua ti que	é qui no xe	
ar rê té	er ro né	ir ri té
af fi du	ef ti mé	If ma ël

At ta le	é tof fe	u ti le
a va re	é vi té	o va le
a xi o me	ex ta fe	I xi on
A zi me	O zé e	O zi as

Mots, la plupart de quatre syllabes, formés des sons précédens.

Ba di na ge	Bé né fi ce	Bi ga ra de
ca pi ta le	cé lé ri té	ci vi li té
ac ti vi té	é co li er	ic té ri que
da ri o le	dé fi gu ré	di vi ni té
ad di ti on	é di fi ce	I du mé en
fa ci li té	fé li ci té	fi dé li té
af fi na ge	ef fi ca ce	I phi gé ni e
Ga ni mè de	gé né ra le	gi be ci è re
ha bi tu de	hé ro ï que	Hi po li te
la ti tu de	lé gè re té	li mo na de
al li an ce	el lé bo re	il lu si on
ma gi ci en	mé de ci ne	mi né ra le
A ma zô ne	é mé ti que	im me di at
na ti vi té	né ga ti ve	Ni co la ï
a né an ti	en ne mi e	in dé fi ni
pa ci fi que	pé lé ri ne	py ra mi de
a pa na ge	é pi fo de	i pe ca cu a na
ra ta ti né	ré vo lu ti on	ri di cu le
ar ti fi ce	er ro né	i ro ni e
fa ga ci té	fé cu ri té	fi mo ni e
af fo ci é	e xé cu té	If fa char
ta ni è re	Ef cu la pe	ti mi di té
at ti tu de	té mé ri té	I ta li e
va ca ti on	é ta la ge	vi va ci té
a va ri ce	Vé ro ni que	I vi ce
e xa gô ne	é va po ré	é xi lé

Mots , la plupart de quatre syllabes , formés des sons précédens.

bo ta ni que	bu co li que
co mé di en	cu pi di té
oc ca si on	oc to gô ne
do ci li té	du pe ri e
o di eu se	fri pe ri e
fol li cu le	fa ci li té
of fi ci al	fu ti li té
go si er	gu tu ra le
hon nê te té	hu mi li té
lo gi ci en	lu na ti que
o li vi er	ul cè re
mo no po le	mu tu el le
om bra ge	om bi lic
no va ti on	nu mé ra le
on da ti on	u na ni me
po li gô ne	pu ri fi é
o pi ni on	pé tri fi é
ro tu ri er	ru ba ni er
or tho do xe	ur ba ni té
so li tu de	su jé ti on
o fi er	u su ri er
to pi que	tu li pe
ot to ma ne.	u té ri ne
vo la ti le	vul ga te
o va ti on	hu ma ni té
E xo de	ex hu mé

INSTRUCTION

Pour lès personnes qui enseignent à lire.

IL y a des mots qui commencent par deux consonnes ; on a réuni soús un même coup-d'œil les combinaisons différentes qu'elles peuvent former. La colonne qui lès renferme est une des plus essentielles de cette méthode.

En prononçant les sons *ble*, *bre*, etc. il faut avoir soin de ne pas faire épeler. Au lieu de faire dire à l'enfant, *be*, *elle*, *ble*; *be*, *ere*, *bre*, il faut lui faire prononcer tout de suite et sans épeler, *ble*, *bre*, comme on prononce la derniere syllabe des mots, *table*, *sabre*.

Les pages 26, 27, 28, 29, sont composées de mots et de sons formés de plusieurs consonnes et de simples voyelles. Un enfant n'aura pas grande difficulté à les prononcer, lorsqu'il aura été bien exercé sur les pages 23, 24 & 25 ; il faut, pour cela, lui faire prononcer exactement chaque son, sans en décomposer les lettres, en suivant l'ordre des cinq voyelles ; et ensuite perpendiculairement; c'est-à-dire, en faisant parcourir chaque colonne de haut en bas et de bas en haut.

Sons formés de deux consonnes & d'une voyelle.

Bla	Ble	Bli	Blo	Blu
bra	bre	bri	bro	bru
cha	che	chi	cho	chu
chra	chre	chri	chro	chru
cla	cle	cli	clo	clu
cra	cre	cri	cro	cru
dra	dre	dri	dro	dru
fla	fle	fli	flo	flu
fra	fre	fri	fro	fru
phra	phre	phri		
pha	phe	phi	pho	phu
phla	phle	phli	phlo	phlu
gla	gle	gli	glo	glu
gna	gne	gni	gno	gnu
gra	gre	gri	gro	gru
pla	ple	pli	plo	plu
pra	pre	pri	pro	pru
rha	rhe	rhi	rho	rhu
fça	fçe	fçi		
fca			fco	fcu
fpa	fpe	fpi	fpo	fpu
fta	fte	fti	fto	ftu
tha	the	thi	tho	thu
thra	thre	thri	thro	
tra	tre	tri	tro	tru
vra	vre	vri	vro	

Sons formés des mêmes deux consonnes &
d'une voyelle dans un ordre renversé.

Vra	vre	vri	vro	
tra	tre	tri	tro	tru
thra	thre	thri	thro	
tha	the	thi	tho	thu
sta	ſte	ſti	ſto	ſtu
spa	ſpe	ſpi	ſpo	ſpu
sca			ſco	ſcu
sça	ſçe	ſçi		
rha	rhe	rhi	rho	rhu
pra	pre	pri	pro	pru
pla	ple	pli	plo	plu
gra	gre	gri	gro	gru
gna	gne	gni	gno	gnu
gla	gle	gli	glo	glu
phla	phle	phli	phlo	phlu
pha	phe	phi	pho	phu
phra	phre	phri		
fra	fre	fri	fro	fru
fla	fle	fli	flo	flu
dra	dre	dri	dro	dru
cra	cre	cri	cro	cru
cla	cle	cli	clo	clu
chra	chre	chri	chro	chru
cha	che	chi	cho	chu
bra	bre	bri	bro	bru
bla	ble	bli	blo	blu

Sons formés des deux mêmes consonnes &
d'une voyelle.

Tha	the	thi	tho	thu
gla	gle	gli	glo	glu
dra	dre	dri	dro	dru
bla	ble	bli	blo	blu
ſca			ſco	ſcu
gra	gre	gri	gro	gru
sta	ſte	ſti	ſto	stu
pla	ple	pli	plo	plu
fla	fle	fli	flo	flu
chra	chre	chri	chro	chru
rha	rhe	rhi	rho	rhu
tra	tre	tri	tro	tru
pra	pre	pri	pro	pru
cha	che	chi	cho	chu
phra	phre	phri		
pha	phe	phi	pho	phu
cla	cle	cli	clo	clu
vra	vre	vri	vro	
thra	thre	thri	thro	
ſpa	ſpe	ſpi	ſpo	ſpu
ſça	ſçe	ſçi		
gna	gne	gni	gno	gnu
phla	phle	phli	phlo	phlu
fra	fre	fri	fro	fru
cra	cre	cri	cro	cru
bra	bre	bri	bro	bru

B

Mots de différentes syllabes composés des sons précédens.

blâ me	blê me
bra ve	brè ve
chaſ ſe	chê ne
Chram ne	Chrè me
cla vi er	clé men ce
cra be	crê che
dra pé	dreſ ſé
flat té	flè che
fra cas	frè re
phra ſe	phré né ſi e
gla ce	glè be
I gna ce	A gnès
gra pe	grê le
pha re	phé nix
phlé bo to mi e	phleg ma ti que
pla ce	plé ni er
pra ti que	prê tre
rha bil lé	rhé teur
ſa vant	ſcè ne
Sca ron	Sca man dre
ſpa dil le	ſpé ci fi que
ſta de	Sté tin
Tha li e	thê me
Thrà ce	tré ſor
tra pe	trè ve
ivr e	I vri

Mots de différentes syllabes , composés des
sons précédens.

blin de	blo qué	blu te
bri sé	bro dé	bru ne
chi le	cho se	chu te
Chri sti ne	chro ni que	chru din
Cli mè ne	clo che	Clu ni
cri me	cro che	cru che
dri a de	drô le	Dru ï de
fli pot	flo re	flû te
fri sé	fro té	fru gal
Phri gi e		
glif fa de	glo be	glu ant
di gni té	i gno ré	ro gnu re
gri ve	gro te	gru tri e
phy fi que	phof pho re	
Pli ne	plom bé	plu me
pri me	prô ne	pru ne
Rhin	Rhô ne	rhu me
Si am	fcif fi on	fci u re
Scot	fcor pi on	Scu de ri
fpi ra le	fpon dé e	
fty le	fto rax	ftu pi de
thim	Tho mas	Thu ci di de
	trô ne	
Tri po li	tro pe	tru fe
	i vro gne	
	tro gne	

Mots de différentes syllabes, composés des sons précédens.

blan ch ir	blef fu re	blin da ge
braf fe ri e	Bref fe	brim ba le
char ni er	Cher fo nè fe	chif fo né
claf fi que	cler gé	clif tè re
cram po né	cref fe le	crif ta lin
drag me	Dref de	dril le
flat te ri e	fleu ret te	flic flac
fran chir	fré quen ce	fric ti on
glan du le	glet te	glif fa de
i gna re	in di gne	di gni té
graf fe yer	Gre na de	gri ot te
phan tô me	Phé ni ci e	phil tre
plai do yer	plé ni tu de	plif fu re
prag ma tique	pren dre	prin ci pa le
Rha da mante	rhé to ri que	rhi no cé ros
fcan da le	fcè ne	fçi a ge
fpa tu le	fpec ta cle	fpi ri tu el
ftan ce	ft erlin	ftig ma tes
tran quil le	tren ti è me	trif tef fe

Mots de différentes syllabes , composés des fons précedens.

blon di ne

bron fé

cho co lat

clo chet te

crof fe

dro gue

flot ta ge

fron de

glo bu le

igno ré

grof fe

phof pho re

plon ge on

prof crit

rho do mon ta de

fcor pi on

fpon ta né

fto ma cal

trom pe ri e

blu et te

bruf que ri e

chu te

Clu nis te

cru ci fix

Dru ï de

flu xi on

fruf tré

glu ti na tif

ro gnu re

gru ri e

phy fi que

plu ma ge

pru den ce

rhu ma tif me

Scu dé ri

fpu mo fi te

ftu pi di té

tru ï te

INSTRUCTION

Pour les Personnes qui enseignent à lire.

SI les consonnes empruntent des voyelles des sons différens , les voyelles unies les unes aux autres , forment avec les consonnes dont elles sont suivies , des sons infiniment variés , sur lesquels il est important de fixer l'attention des jeunes personnes. Les tables suivantes offrent un grand nombre de sons tous formés de l'union de plusieurs voyelles. Afin de sauver aux personnes qui instruisent, l'embarras de les articuler avec netteté , on a mis , à côté de chaque son , des mots dans lesquels sont employés les sons qu'on doit faire prononcer à un enfant.

Il faut faire remarquer aux Elèves les articulations différentes que donnent aux voyelles , les deux points qu'elles portent en tête, comme dans *laïc* , *aëré* , &c.

Voyelles unies à d'autres voyelles, ou placées à leur suite, & formant avec les consonnes ou les voyelles dont elles sont suivies, une ou plusieurs syllabes.

On prononce comme dans		On prononce comme dans	
Aë	aë ré	aoux	Chi *aoux*
æa	Æ*a* que	au	P *au*
aen	C aën	aüs	Emm *aüs*
aï	bal *aï*	aud	ch *aud*
aî	f *aî* tière	aul	P *aul*
aï	l *aï* c	aulx	f *aulx*
aie	h *ai* e	aoul	s *aoul*
aient	p *aïent*	aur	M *aur*
aïeul	biſ *aïeul*	aut	f *aut*
aïde	Adél *aïde*	aux	ch *aux*
ail	b *ail*	ay	C *ay* lus
aille	can *aille*	aya	attr *ayant*
aim	eſſ *aim*	ayé	r *ayé*
ain	p *ain*	ayen	Biſc *ayen*
ains	m *ains*	ayer	bég *ayer*
aint	cr *aint*	ayeux	B *ayeux*
air	ch *air*	ayon	cr *ayon*
aire	capill *aire*	ayonne	B *ayonne*
ais	d *ais*	ea	mang *ea*
aïs	m *aïs*	ean	J *ean*
ait	f *ait*	eant	afflig *eant*
aix	p *aix*	éal	bor *éal*
ao	cac *ao*	éar	B *éarnois*

B 4

On prononce comme dans | On prononce comme dans

	On prononce comme dans		On prononce comme dans
aon	p *aon*	éat	b *eat*
Août	A *oût*	eau	gât *eau*
eaux	moin *eaux*	iable	chât *iable*
ée	nu *ée*	iade	Dr *iade*
éen	Idum *éen*	ia	mar *ia* ge
ées	ach *ées*	ial	offic *ial*
éïa	pl *éïa* de	iam	S *iam*
éide	Nér *éide*	ian	all *ian* ce
eil	ort *eil*	iand	fr *iand*
eille	bout *eille*	iard	l *iard*
éïen	pléb *éïen*	ias	Of *ias*
eim	Ben *heim*	iat	op *iat*
ein	fr *ein*	iâtre	opin *iâtre*
eindre	f *eindre*	iau	fabl *iau*
eint	p *eint*	iaux	beſt *iaux*
eing	s *eing*	ie	p *ie*
eïo	Ang *éïo* logie	iée	mar *iée*
eoir	aſſ *eoir*	iel	m *iel*
eois	bour *geois*	ième	trent *ième*
éole	alvé *ole*	ien	magic *ien*
eon	pig *eon*	ieux	Br *ieux*
eot	mig *eot* er	ient	t *ient*
eu	bl *eu*	ier	chart *ier*
euf	be *uf*	iere	tan *ière*
eufs	ne *ufs*	iers	f *iers*
euil	d *euil*	iette	d *iette*
euille	f *euille*	ieu	l *ieu*

On prononce	comme dans	On prononce	comme dans
eur	p *eur*	ieue	banl *ieue*
eut	p *eut*	ieux	p *ieux*
eux	d *eux*	io	cl *io*
ey	Bug *ey*	iole	bab *iole*
iu	Ab *iu*	oui	réj *oui*
ya	Dr *ya* de	ouie	*ouie*
yen	Ca *yen* ne	ouin	bab *ouin*
yer	plaido *yer*	ouil	b *ouil* li
yon	Ba *yon* nois	ouille	citr *ouille*
oa	c *oa* guler	ouir	évan *ouir*
oard	béz *oard*	ouis	b *ouis*
œil	*œuil*	oul	Capit *oul*
œufs	*œufs*	oup	c *oup*
œur	f *œur*	our	am *our*
œu	*œuvre*	ourd	l *ourd*
oé	c *oé* ternel	ourde	l *ourde*
oë	c *oë* ffe	ours	j *ours*
oi	effr *oi*	oux	courr *oux*
oî	cr *oî* tre	ouft	ac *ouf* tique
oï	M *oï* fe	ua	alg *ua* fil
oie	j *oie*	uan	Dom J *uan*
oo	c *oo* pérateur	uant	pu *ant*
ou	f *ou*	uau	cr *uau* té
ouac	biv *ouac*	üe	barb *üe*
ouade	efc *ouade*	uée	n *uée*
ouage	br *ouage*	uer	arg *uer*
oud	c *oud* e	uet	m *uet*

B 6

On prononce	comme dans	On prononce	comme dans
oue	Cord *oue*	uette	l *uette*
oué	d *oué*	ueux	anfract *ueux*
ouer	av *oüer*	ui	app *ui*
ouet	j *ouet*	uïde	Dr *uïde*
ouette	ch *ouette*	uids	m *uids*
oug	j *oug*	uie	pl *uie*
uif	f *uif*	uits	fr *uits*
uifs	J *uifs*	uivre	c *uivre*
uin	J *uin*	uüm	d *uüm* vir
uil	c *uil* lère	uyer	app *uyer*
uille	aig *uille*	ynx	l *ynx*
uir	f *uir*	ya	bo *yard*
uire	c *uire*	yau	alo *yau*
uis	Pert *uis*	yen	do *yen*
uiff	b *uiff* on	ye	courro *ye*
uift	c *uift* re	yer	coudo *yer*
uit	br *uit*	yeur	gibo *yeur*
uite	tr *uite*	yeux	jo *yeux*

INSTRUCTION

Pour les perſonnes qui enseignent à lire.

LEs pages 36, 37, 38 & 39 préſentent une ſuite de mots monoſyllabes, ſuivant l'ordre alphabétique : on y en a fait entrer le plus qu'il a été poſſible, ſans trop s'attacher au ſens ; parce que les enfans ont toujours beaucoup de peine à bien lire ces ſortes de mots.

On a encore ſéparé la conſonne ſimple ou double de la voyelle, afin que les élèves en ſaiſiſſent mieux l'enſemble & le réſultat en les rapprochant eux-mêmes.

Pour les accoutumer à lire hardiment deux mots monoſyllabes à la fois, on a rapproché les mêmes monoſyllabes, depuis la page 40 juſqu'à la page 42 ; cet exercice prépare à quelques petites lectures en monoſyllabes qui ſe trouvent à la page 43. L'élève s'en tirera parfaitement, s'il a été bien exercé ſur les deux tables de monoſyllabes : ces petits triomphes allument le courage des enfans ; il ne faut jamais manquer à leur en ménager.

Monosyllabes qu'il faut faire lire d'abord par sons séparés et ensuite tout d'un mot.

b-ail	bail	cl-ou	clou	cr-ois	crois
b-ain	bain	cl-oux	cloux	cr-oit	croit
b-eau	beau	cl-oud	cloud	cr-ue	crue
b-eaux	beaux	ch-air	chair	c-uir	cuir
b-aux	baux	ch-aud	chaud	c-uit	cuit
b-œuf	bœuf	ch-aux	chaux	d-ain	dain
b-œufs	bœufs	ch-œur	chœur	d-ais	dais
b-leu	bleu	c-œur	cœur	d-eux	deux
b-ien	bien	ch-ien	chien	d-euil	deuil
b-iais	biais	ch-ou	chou	D-ieu	Dieu
b-ouc	bouc	ch-oux	choux	d-ieux	dieux
b-oue	boue	ch-oix	choix	d-ois	dois
b-ois	bois	ch-oir	choir	d-oit	doit
b-ourg	bourg	ch-ois	chois	d-oigts	doigts
b-out	bout	c-oin	coin	d'où	d'où
b-ruit	bruit	c-oing	coing	d-oux	doux
b-uis	buis	c-ou	cou	dr-oit	droit
c-ap	cap	c-oup	coup	dr-ue	drue
Ca-en	Caen	c-oût	coût	Dr-eux	Dreux
C-aux	Caux	c-our	cour	f-aut	faut
c-eux	ceux	c-ours	cours	f-aux	faux
c-eint	ceint	c-ourt	court	f-aulx	faulx
c-iel	ciel	cr-aie	craie	f-aim	faim
c-ieux	cieux	cr-aint	craint	f-ait	fait
c-laie	claie	cr-eux	creux	f-aits	faits
cl-air	clair	cr-oix	croix	f-aix	faix

f-aon	faon	gr-ain	grain	J-uifs	Juifs
f-eu	feu	gr-ains	grains	J-uin	Juin
f-eux	feux	gr-ais	grais	l-aïc	laïc
f-eint	feint	gr-ue	grue	l-aid	laid
f-ier	fier	gr-ouin	grouin	l-air	l'air
fl-eur	fleur	h-aie	haie	l-aie	l'aie
f-oi	foi	h-ait	hait	l-eau	l'eau
f-oie	foie	h-aut	haut	l-eu	leu
F-oix	Foix	h-ier	hier	l-eur	leur
f-ois	fois	h-oue	houe	l-eurs	leurs
f-oin	foin	h-oux	houx	l-ie	lie
f-ouet	fouet	h-uit	huit	l-ien	lien
f-oux	foux	j-ai	j'ai	l-ient	lient
f-our	four	j-aie	j'aie	l-ieu	lieu
fr-ais	frais	J-ean	Jean	l-ieux	lieux
fr-ein	frein	j-eu	jeu	l-ieue	lieue
fr-oid	froid	j-eux	jeux	l-oi	loi
fr-uit	fruit	j-eus	j'eus	l-oix	loix
fr-uits	fruits	j-oie	joie	l-oin	loin
f-uir	fuir	j-ouet	jouet	l-oue	loue
f-uis	fuis	j-ouets	jouets	l-ouent	louent
f-uit	fuit	j-ouer	jouer	l-oué	loué
g-ai	gai	j-oue	joue	L-ouis	Louis
g-ain	gain	j-ouent	jouent	l-oup	loup
g-eai	geai	j-oug	joug	l-oups	loups
g-out	goût	j-our	jour	l-ourd	lourd
g-ué	gué	j-ours	jours	l-ui	lui
g-uet	guet	J-uif	Juif	M-ai	Mai

m-ain	main	n-oix	noix	plaint	plaint
m-ains	mains	n-oueux	noueux	pl-ein	plein
M-aur	Maur	n-ous	nous	pl-ie	plie
m-aux	maux	n-uit	nuit	plient	plient
M-eaux	Meaux	n-ue	nue	pleurs	pleurs
m-ien	mien	n-uée	nuée	pl-eut	pleut
m-ieux	mieux	p-ain	pain	pl-uie	pluie
me-us	meus	p-aîs	paîs	p-oids	poids
m-eut	meut	p-aît	paît	p-ois	pois
me-urs	meurs	p-aix	paix	p-oix	poix
m-eurt	meurt	p-aïs	païs	p-oint	point
m-œurs	mœurs	p-aie	paie	p-oing	poing
m-ien	mien	p-air	pair	p oil	poil
m-ie	mie	p-aon	paon	p-oils	poils
m-iel	miel	P-aul	Paul	poulx	poulx
m-oi	moi	p-eau	peau	p-rie	prie
m-oins	moins	p-eur	peur	prient	prient
m-ois	mois	p-eu	peu	pr-oie	proie
m-ou	mou	p-eut	peut	pr oue	proue
m-uet	muet	p-eint	peint	p-uits	puits
m-uids	muids	p-ie	pie	qu-ai	quai
n-ain	nain	p-ied	pied	qu-art	quart
n-œud	nœud	p-ieds	pieds	quand	quand
n-œuds	nœuds	p-ieu	pieu	qu ant	quant
n-euf	neuf	p-ieux	pieux	qu-el	quel
ni-aîs	niais	pl-aie	plaie	qu eue	queue
No-ël	Noël	pl-aît	plaît	qu'-il	qu'il
n-oir	noir	pl-ains	plains	qu-oi	quoi

qu'-on	qu'on	ſ-ien	ſien	tr-ois	trois
qu'-un	qu'un	ſ-oi	ſoi	Tr-oie	Troie
r-aie	raie	ſ-oie	ſoie	t-our	tour
r-eins	reins	ſ-oin	ſoin	T-ours	Tours
R-eims	Reims	ſ-oir	ſoir	tr-ou	trou
r-ien	rien	ſ-ois	ſois	tr-oué	troué
R-oi	Roi	ſ-oit	ſoit	tr-oue	troue -
r-oue	roue	ſ-oient	ſoient	v-aut	vaut
r-oux	roux	ſ-oif	ſoif	v-eau	veau
R-ouen	Rouen	ſ-ourd	ſourd	v-eaux	veaux
r-ouet	rouet	ſ-ous	ſous	v-ain	vain
r-ouer	rouer	ſ-uie	ſuie	v-air	vair
r-ou	rou	ſ-uis	ſuis	v-œu	vœu
ſ-aie	ſaie	ſ-uif	ſuif	v-œux	vœux
ſ-ais	ſais	ſ-uit	ſuit	v-eut	veut
ſ-ain	ſain	t-aie	taie	v-ie	vie
ſ-aint	ſaint	t-aux	taux	v-ieil	vieil
ſ-ait	ſait	t-eint	teint	v-ieux	vieux
ſ-auf	ſauf	t-ien	tien	v-iens	viens
ſ-aut	ſaut	t-ient	tient	v-ient	vient
ſc-eau	ſceau	t-iers	tiers	v-oie	voie
ſc-eaux	ſceaux	t-ous	tous	v-oix	voix
ſ-ein	ſein	t-out	tout	v-oir	voir
ſ-eing	ſeing	t-oux	toux	v-oit	voit
ſ-œur	ſœur	t-oit	toit	vr-ai	vrai
ſ-eul	ſeul	tr-ain	train	v-ue	vue
ſ-euil	ſeuil	tr-ait	trait	v-ues	vues
ſc-ie	ſc-ie	tr-aits	traits	y-eux	yeux

Monofyllabes & diffyllabes composés des monofyllabes précédens fimples.

air fier	cieux en feu	deuil de cour
ail-leurs	claie de bois	deux à deux
ait eu	clou droit	Dieux des dieux
Août chaud	clair & frais	doigt au trou
au mieux	chair crue	doigts courts
aux cieux	chaud & froid	doit tout
aient lieu	chaux et craie	doux au cœur
ainfi foit	chou-fleur	droit et haut
bail-leur	cœur de roi	dragées fines
bain froid	chien fou	eau-de-vie
beau jeu	coing cuit	eux & vous
beaux jeux	coup de feu	œuf frais
bœuf noir	cou-teau	œufs cuits
bleu clair	cou-cou	œil de bœuf
bien fait	cou de bœuf	faux feing
biai-fer	courte joie	faim & foif
bou-quin	cours droit	fais bien
bou-eux	craie & chaux	faif-ceau
bout-à-bout	creux & plein	fait à tout
boif-feau	croix de buis	fait au tour
boute-feu	crois-moi	faix lourd
bruit fourd	cuir & chair	feu de bois
buis court	cuit au four	feux de nuit
cail-lou	crue d'eau	feint et faux
ceint au tour	dais en l'air	fier et haut
ciel bleu	dain vieux	fleur & fruit

foie de veau	joie au cœur	meurs & meurt
foi de roi	jouet à jouer	mie de pain
foin & grain	joue à joue	miel doux
fouet de cuir	jour & nuit	moi et eux
four chaud	joug & Juif	mois d'Août
frais et gai	Juin & Mai	moins bien
frein doux	laid & fou	mou-leur
froid noir	lait chaud	muet & ſourd
fruits & fleurs	laie & loup	muids d'eau
fuir loin	l'air & l'eau	main à pied
gai & gué	lieu & Leu	neuf & trois
geai noir	lient tout	nie & nient
guet à pied	lieux ſaints	noir de peau
gueux à rouer	lieue loin	Noël & Jean
grains & foins	loi & loix	noue & nouent
grue en l'air	loin d'eux	noué en deux
grouin de truie	Louis trois	nous & eux
haie de buis	loup & laie	nuit & jour
haut & fier	lui & vous	nue & nuée
hier au ſoir	Mai & Juin	oit & oient
houx noueux	mail à jouer	oie & ouais
houe de bois	mainte fois	ouï ouïes
huit clos	main-tien	oint & ſaint
huit fois	mais au moins	ouir & voir
Jean & Louis	Maur & Louis	ours noir
jeu d'oie	maux de cœur	pain cuit
jeu de main	meus et meut	paix de Dieu
j'eus hier.	le mien le tien	pays de Caux

paie de roi	quant & quand	foif & faim
pair laïc	quel qu'il foit	foi feul
paon en l'air	queue de loup	foin à tout
peau de chien	quoi qu'il ait	foir & foie
Paul & Louis	quint & quart	fois à moi
peur & fuir	qu'un y foit	foit & foient
peu-à-peu	qu'on le lie	fourd à tous
peint en beau	raye & rayent	fous la main
pieu de bois	raie & reins	fuie en feu
pied à pied	Reims&Rouen	fuit à pied
pied de roi	rien du tout	fuif neuf
plaît à Dieu	Roi des Rois	fuis-moi
plaint de tous	roue & rouet	taie à l'œil
plein d'eau	roux & bleu	tout & tous
plie & plient	rouet & roue	teint en noir
poids & poix	rue St. Louis	tient bien
pois en fleurs	fain & fauf	tout en haut
pleurs & pleut	Saint Leu	toit en feu
peut-on voir	faute en l'air	trait en trois
point du tout	fceau de roi	traits de feu
poing court	fein & fceaux	train de bois
poil roux	fein & faint	trois à trois
plaie au cœur	fœur de lait	Troie&Tours
pluie en l'air	faoul de tout	tour à tour
prie Dieu	feul à feul	trou & truie
prient tous	feuil de bois	vaurien
proue à l'eau	fcie à main	veau cuit
puits & fceau	fcieurs de bois	veaux noirs

vair & vieil	viens & vient	voit le jour
vœux au ciel	vieux oing	vois & voient
veut & vœux	voie de lait	vrai & faux
vie des Saints	voie en haut	voix & vue.

PIECE DE LECTURE

composée de monosyllabes.

DIEU a fait le Ciel & tout ce qu'on voit sous les Cieux, tout ce qui est dans les eaux, & en tous lieux. Il a fait le jour & la nuit.

Dieu voit tout. Il voit le bien & le mal qu'on fait. Il voit tout ce qui est dans nos cœurs. Dieu fait tout ce qui lui plaît. Il a fait tout ce qui est dans les airs. Il tient tous les biens dans sa main.

Dieu est le Roi des Rois, le Saint des Saints, le Dieu des dieux. Nos vœux & nos cœurs font ce qui lui plaît le mieux. Quand on a la foi on croit tout ce qu'il a fait pour nous.

INSTRUCTION

Pour les Perfonnes qui enseignent à lire.

LEs fons compofés qui déterminent les différens temps des verbes, embarraffent long-temps les enfans. Pour y rémedier, on a fait entrer dans les pages 45, 46, 47 & 48, une fuite de verbes de deux, de trois & de quatre fyllabes, rangés par ordre alphabétique ; on a rapproché les terminaifons *ent*, *ant*, *oit*, & *oient*, que les enfans confondent ordinairement. Il faut avoir foin de les bien exercer fur ces différentes terminaifons, ils n'y trouveront plus aucune difficulté dans la fuite.

Les pages 49 & 50 contiennent une fuite de petites phrafes, où l'on a rapproché les verbes du mot qui n'est point verbe, pour faire comprendre aux enfans que les trois lettres *ent*, fe prononcent comme un *e* muet, à la fin d'un verbe ; & que ces trois lettres fe prononcent toutes à la fin de tous les autres mots.

Mots de deux syllabes.	*Mots de trois syllabes.*	*Mots de quatre syllabes.*
ai mer	a bat tre	ac cou tu mer
ai mant	a bat tant	ac cou tu mant
ai ment	a bat tent	ac cou tu ment
ai moit	a bat toit	ac cou tu moit
ai moient	a bat toient	ac cou tu moient
boi re	ba lan cer	bal bu ti er
bu vant	ba lan çant	bal bu ti ant
boi vent	ba lan cent	bal bu ti ent
bu voit	ba lan çoit	bal bu ti oit
bu voient	ba lan çoient	bal bu ti oient
chan ter	châ ti er	ca ra co ler
chan tant	châ ti ant	ca ra co lant
chan tent	châ ti ent	ca ra co lent
chan toit	châ ti oit	ca ra co loit
chan toient	châ ti oient	ca ra co loient
don ner	dé li vrer	dé mé na ger
don nant	dé li vrant	dé mé na geant
don nent	dé li vrent	dé mé na gent
don noit	dé li vroit	dé mé na geoit
don noient	dé li vroient	dé mé na geoient
en fler	ef fa cer	é cha fau der
en flant	ef fa çant	é cha fau dant
en flent	ef fa cent	é cha fau dent
en floit	ef fa çoit	é cha fau doit
en floient	ef fa çoient	é cha fau doient

Motsdedeux syllabes.	Mots de trois syllabes.	Mots de quatre syllabes.
for cer	fri caf fer	fan fa ron ner
for çant	fri caf fant	fan fa ron nant
for cent	fri caf fent	fan fa ron nent
for çoit	fri caf foit	fan fa ron noit
for çoient	fri caf foient	fanfaronnoient
ga gner	gour man der	gef ti cu ler
ga gnant	gour man dant	gef ti cu lant
ga gnent	gour man dent	gef ti cu lent
ga gnoit	gour man doit	gef ti cu loit
ga gnoient	gour mandoient	gef ti cu loient
ha cher	ha bi ter	her bo ri fer
ha chant	ha bi tant	her bo ri fant
ha chent	ha bi tent	her bo ri fent
ha choit	ha bi toit	her bo ri foit
ha choient	ha bi toient	her bo ri foient
jou er	jar di ner	juf ti fi er
jou ant	jar di nant	juf ti fiant
jou ent	jar di nent	juf ti fient
jou oit	jar di noit	juf ti fi oit
jou oient	jar di noient	juf ti fi oient
lui-t	la bou ré	lé gi ti mé
lui re	la bou rer	lé gi ti mer
lui sant	la bou rant	lé gi ti mant
lui sent	la bou rent	lé gi ti ment
lui soit	la bou roit	lé gi ti moit
lui soient	la bou roient	lé gi ti moient

Mots de deux syllabes.	*Mots de trois syllabes.*	*Mots de quatre syllabes.*
man quer	maſ ſa crer	mor ti fi er
man quant	maſ ſa crant	mor ti fi ant
man quent	maſ ſa crent	mor ti fi ent
man quoit	maſ ſa croit	mor ti fi oit
man quoient	maſ ſa croient	mor ti fi oient
na ger	né to yer	né go ci er
na geant	né to yant	né go ci ant
na gent	né to yent	né go ci ent
na geoit	né to yoit	né go ci oit
na geoient	né to yoient	né go ci oient
ou vrir	or don ner	or ga ni ſer
ou vrant	or don nant	or ga ni ſant
ou vrent	or don nent	or ga ni ſent
ou vroit	or don noit	or ga ni ſoit
ou vroient	or don noient	or ga ni ſoient
pein dre	par cou rir	phi lo ſo pher
pei gnant	par cou rant	phi lo ſo phant
pei gnent	par cou rent	phi lo ſo phent
pei gnoit	par cou roit	phi lo ſo phoit
pei gnoient	parcouroient	phi lo ſo phoient
quit te	que rel le	queſ ti on ne
quit ter	que rel ler	queſ ti on ner
quit tant	que rel lant	queſ ti on nant
quit tent	que rel lent	queſ ti on nent
quit toit	que rel loit	queſ ti on noit
quit toient	que rel loient	queſ ti on noient

Mots de deux syllabes.	Mots de trois syllabes.	Mots de quatre syllabes.
ren dre	ré pon dre	re com men cer
ren dant	ré pon dant	recommençant
ren dent	ré pon dent	recommencent
ren doit	ré pon doit	re commençoit
ren doient	ré pon doient	re com mençoient
souf frir	sou met tre	sa cri fi er
souf frant	sou met tant	sa cri fi ant
souf frent	sou met tent	sa cri fi ent
souf froit	sou met toit	sa cri fi oit
souf froient	sou met toient	sa cri fi oient
tor dre	té moi gner	tran quil li ser
tor dant	té moi gnant	tran quil li sant
tor dent	té moi gnent	tran quil li sent
tor doit	té moi gnoit	tran quil li soit
tor doient	té moi gnoient	tran quil li soient
vou loir	ven dan ger	ver ba li ser
vou lant	ven dan geant	ver ba li sant
veu sent	ven dan gent	ver ba li sent
vou loit	ven dan geoit	ver ba li soit
vou loient	ven dan geoient	ver ba li soient

EXEMPLES.

EXEMPLES.

Qui font voir que les lettres ent ont le même fon que l'e muet, à la fin des mots auxquels on peut joindre ils ou elles ; mais qu'elles fe prononcent à la fin de tous les autres mots.

Les hom mes s'ai ment
        ra re ment.
Les oi feaux cou vent
        fou vent.
Les en fans ai ment
        le mou ve ment.
Les pa ref feux s'a ni ment
        dif fi ci le ment.
Les hon nê tes gens s'ef ti ment
        mu tu el le ment.
Les da mes s'ex pri ment
        dé li ca te ment.
Les chi mè res fe for ment
        ai fé ment.
Les sen su els dor ment
        mol le ment.   C

Les bons li vres s'im pri ment
soi gneu se ment.

Les pe tits en fans s'ac cou tu ment
fa ci le ment.

'Les pol trons s'a lar ment
ai sé ment.

Les ours se ren fer ment
é troi te ment.

Les grands dé fauts se ré for ment
ra re ment.

Les a va res s'en dor ment
dif fi ci le ment.

Les mau vais li vres se sup pri ment
promp te ment.

Les vieil lards s'en rhu ment
fa ci le ment.

INSTRUCTION

Pour les Personnes qui enseignent à lire.

ICI commencent les premières lectures suivies , imprimées en caractères romain & italique. On a cru devoir présenter d'abord aux enfans les prières qu'ils doivent réciter tous les jours , & qu'on ne sauroit trop tôt leur apprendre. L'unique moyen d'y réussir , c'est de les leur faire lire & relire , jusqu'à ce qu'ils les sachent passablement par cœur : on les a mises, d'un côté , à sons séparés , de l'autre, à sons liés. Cette première opération prépare à la seconde : il faut toujours suivre ce procédé , jusqu'à ce que les enfans soient fermes dans la lecture.

Il faut leur faire lire & apprendre également par cœur les pièces de lecture qui se trouvent aux pages 61 & suivantes.

L'Oraison Dominicale.

NOTRE Père qui êtes aux Cieux : que votre nom soit sanctifié : que votre règne arrive : que votre volonté soit faite en la terre comme au ciel : donnez-nous au jourd'hui notre pain quotidien, & nous pardonnez nos offenses, comme nous les pardonnons à ceux qui nous ont offensés, & ne nous induisez point en tentation ; mais délivrez-nous du mal.

Ainsi soit-il.

La Salutation Angélique.

JE vous salue Marie, pleine de graces, le Seigneur est avec vous : vous êtes bénie entre toutes les femmes ; & Jésus, le fruit de votre ventre, est béni.

Sainte Marie, mère de Dieu, priez pour nous pauvres pécheurs, maintenant & à l'heure de notre mort.
Ainsi soit-il.

L'Oraison Dominicale.

NOTRE Père qui êtes aux Cieux : que votre nom soit sanctifié : que votre règne arrive : que votre volonté soit faite en la terre comme au ciel : donnez-nous aujourd'hui notre pain quotidien , & nous pardonnez nos offenses, comme nous les pardonnons à ceux qui nous ont offensés , & ne nous induisez point en tentation ; mais délivrez-nous du mal.
Ainsi soit-il.

La Salutation Angélique.

JE vous salue Marie , pleine de graces , le Seigneur est avec vous : vous êtes bénie entre toutes les femmes ; & Jésus , le fruit de votre ventre , est béni.

Sainte Marie , mère de Dieu , priez pour nous pauvres pécheurs , maintenant & à l'heure de notre mort.
Ainsi soit-il.

La Con fes si on des pé chés.

JE con fes se à Di eu Tout-puissant, à la bi-en heu reu se Ma ri e
tou jours Vi er ge, à Saint Mi chel
Ar chan ge, à Saint Jean-Bap tis te
aux A pô tres Saint Pi er re et Saint
Paul, et à tous les Saints, que j'ai
beau coup pé ché par pen sé es, par
pa ro les et par ac ti ons : c'est ma
fau te, c'est ma fau te, c'est ma
très-gran de fau te. C'est pour quoi
je sup pli e la Bi en heu reu se Mari e tou jours Vi er ge, Saint Mi chel
Ar chan ge, Saint Jean-Bap tis te,
les A pô tres Saint Pi er re et Saint
Paul, et tous les saints, de pri er
pour moi le Sei gneur no tre Dieu.

La Confession des péchés.

JE confesse à Dieu Tout-puissant à la Bienheureuse Marie toujours Vierge , à Saint Michel Archange , à Saint Jean-Baptiste , aux Apôtres Saint Pierre et Saint Paul , à tous les Saints , que j'ai beaucoup péché par pensées , par paroles et par actions : c'est ma faute , c'est ma faute, c'est ma très-grande faute. C'est pourquoi je supplie la Bienheureuse Marie toujours Vierge , saint Michel Archange , saint Jean-Baptite , les Apôtres Saint Pierre et saint Paul, et tous les saints, de prier pour moi le Seigneur notre Dieu.

C 4

Les Com man de mens de Di eu.

UN feul Di eu tu a do re ras ,
Et ai me ras par fai te ment.
Di eu en vain tu ne ju re ras ,
Ni au tre cho fe pa reil le ment.
Les Di man ches tu gar de ras ,
En fer vant Di eu dé vo te ment.
Tes pè res & mè res ho no re ras ,
A fin que tu vi ves lon gue ment.
Ho mi ci de point ne fe ras ,
De fait ni vo lon tai re ment.
Lu xu ri eux point ne fe ras ,
De corps ni de con fen te ment.
Le bien d'au trui tu ne pren dras ,
Ni re ti en dras à ton ef ci ent.
Faux té moi gna ge ne diras ,
Ni men ti ras au cu ne ment.
L'œu vre de la chair ne dé fi re ras ,
Qu'en ma ri a ge feu le ment.
Biens d'au trui ne con voi te ras ,
Pour les avoir in juf te ment.

Les Commandemens de Dieu.

UN seul Dieu tu adoreras,
Et aimeras parfaitement.
Dieu en vain tu ne jureras,
Ni autre chose pareillement.
Les Dimanches tu garderas,
En servant Dieu dévotement.
Tes pères & mères honoreras,
Afin que tu vives longuement.
Homicide point ne seras,
De fait ni volontairement.
Luxurieux point ne seras,
De corps ni de consentement.
Le bien d'autrui tu ne prendras,
Ni retiendras à ton escient.
Faux témoignage ne diras,
Ni mentiras aucunement.
L'œuvre de la chair ne désireras,
Qu'en mariage seulement.
Biens d'autrui ne convoiteras,
Pour les avoir injustement.

Les Commandemens de l'Eglise.

LEs fêtes tu sanctifieras,
Qui te sont de commandement.
Les Dimanches la Messe ouïras,
Et les Fêtes pareillement.
Tous tes péchés confesseras,
A tout le moins une fois l'an.
Ton Créateur tu recevras,
Au moins à Pâques humblement.
Quatre-temps, vigiles, jeûneras,
Et le carême entièrement.
Vendredi chair ne mangeras,
Ni le samedi mêmement.

La Bénédiction de la Table.

Au nom du Père, & du Fils, & du St. Esprit.
Ainsi soit-il.

QUE la main de Jésus-Christ nous bénisse, & la nourriture que nous allons prendre.

Graces.

Au nom du Père, & du Fils, &c.

NOUS vous rendons graces de tous vos bienfaits, ô Dieu Tout-puissant, qui vivez & régnez dans tous les siècles des siècles. Ainsi soit-il.

Les Commandemens de l'Églife.

LEs Fêtes tu fanctifieras,
Qui te font de commandement.
Les Dimanches la Meffe ouïras,
Et les Fêtes pareillement.
Tous ses péchés confefferas,
A tout le moins une fois l'an.
Ton Créateur tu recevras,
Au moins à Pâques humblement.
Quatre-temps, vigiles, jeûneras,
Et le carême entièrement.
Vendredi chair ne mangeras,
Ni le famedi mêmement.

———

La Bénédiction de la Table.

Au nom du Père, & du Fils, & du S. Efprit.
Ainfi foit-il.

QUE la main de Jéfus-Chrift nous bé-
niffe, & la nourriture que nous allons
prendre.

Graces.

Au nom du Père, & du Fils, &c.

NOus vous rendons graces de tous vos
bienfaits, ô Dieu Tout-Puiffant, qui vivez
& régnez dans tous les fiècles des fiècles.
Ainfi foit-il.

C 6

Idée de Dieu & de son pou voir sur tou tes les cré a tu res.

CE Di eu , Maî tre ab so lu de la
     Ter re et des Ci eux.
N'est point tel que l'er reur le fi-
     gu re à vos yeux.
L'É ter nel est son nom ; le Mon de
     est son ou vra ge.
Il en tend les sou pirs de l'hum ble
     qu'on ou tra ge ;
Ju ge tous les mor tels a vec d'é-
     ga les loix ,
Et du haut de son Trô ne , in ter-
     ro ge les Rois.
Des plus fer mes É tats la chu te
     é pou van ta ble.
Quand il veut , n'est qu'un jeu de
     sa main re dou ta ble.

Es ther , Tra gé di e de M. Ra ci ne.

Idée de Dieu et de son pouvoir sur toutes les créatures.

CE Dieu, Maître absolu de la Terre et des ieux,
N'est point tel que l'erreur le figure à vos yeux.
L'Éternel est son nom; le Monde est son ouvrage.
Il entend les soupirs de l'humble qu'on outrage;
Juge tous les mortels avec d'égales loix,
Et, du haut de son Trône, interroge les Rois.
Des plus fermes Etats la chute épouvantable,
Quand il veut, n'est qu'un jeu de sa main re-
doutable.

Idée de Dieu et de son pouvoir sur toutes les
créatures.

CE Dieu, Maître absolu de la terre et des Cieux,
N'est point tel que l'erreur le figure à vos yeux.
L'Eternel est son nom ; le Monde est son ouvrage.
Il entend les soupirs de l'humble qu'on outrage ;
Juge tous les mortels avec d'égales lois,
Et du haut de son Trône, interroge les Rois,
Des plus fermes Etats la chute épouvantable.
Quand il veut, n'est qu'un jeu de sa main redoutable.

Esther, Tragédie de M. Racine.

Autre idée de la toute-puissance de Dieu.

Même Tragédie.

QUE peuvent contre lui tous les
    Rois de la terre ?
En vain ils s'uniroient pour lui faire
    la guerre.
Pour dissiper leur ligue, il n'a qu'à
    se montrer ;
Il parle, & dans la poudre il les
    fait tous rentrer.
Au seul son de sa voix, la mer fuit,
    le ciel tremble ;
Il voit comme un néant tout l'univers ensemble,
Et les foibles humains, vains jouets
    du trépas,
Sont tous devant ses yeux comme
    s'ils n'étoient pas.

Autre idée de la toute-puissance de Dieu

Même Tragédie.

QUE peuvent contre lui tous les rois de la terre?
En vain ils s'uniroient pour lui faire la guerre.
Pour dissiper leur ligue, il n'a qu'à se montrer;
Il parle, & dans la poudre il les fait tous rentrer.
Au seul son de sa voix, la mer fuit, le ciel tremble;
Il voit comme un néant tout l'univers ensemble;
Et les foibles humains, vains jouets du trépas,
Sont tous devant ses yeux comme s'ils n'étoient pas.

———

Autre idée de la toute-puissance de Dieu

Même Tragédie.

QUE peuvent contre lui tous les rois de la terre?
En vain ils s'uniroient pour lui faire la guerre.
Pour dissiper leur ligue, il n'a qu'à se montrer;
Il parle, & dans la poudre il les fait tous rentrer.
Au seul son de sa voix, la mer fuit, le ciel tremble;
Il voit comme un néant tout l'univers ensemble;
Et les foibles humains, vains jouets du trépas,
Sont tous devant ses yeux comme s'ils n'étoient pas.

Au tre mor ceau de M. Ra ci ne.

J'Ai vu l'im pi e a do ré fur la ter re :
Pa reil au cè dre, il por toit dans les ci eux,
   Son front au da ci eux ;
Il fem bloit, à fon gré, gou ver ner le
   ton ner re ;
Fou loit aux pieds fes en ne mis vain cus.
Je n'ai fait que paf fer ; il n'é toit dé jà plus.

———

Por trait de l'hy po cri te.

Par M. Rouffeau.

L'Hy po cri te, en frau des fer ti le,
Dès l'en fan ce, eft pé tri de fard ;
Il fait co lo rer a vec art
Le fi el que sa bou che dis til le,
Et la mor fu re du fer pent
Eft moins ai gu ë & moins fub ti le,
Que le ve nin ca ché que fa lan gue
   ré pand.

Autre morceau de M. Racine.

J'Ai vu l'impie adoré sur la terre :
Pareil au cédre , il portoit dans les cieux ,
    Son front audacieux :
Il sembloit , à son gré , gouverner le ton-
    nerre ;
Fouloit aux pieds ses ennemis vaincus.
Je n'ai fait que passer , il n'étoit déja plus.

Portrait de l'hypocrite.

Par M. Rousseau.

L'Hypocrite , en fraudes fertile ,
Dès l'enfance , est pétri de fard,
Il fait colorer avec art
Le fiel que sa bouche distille ;
Et la morsure du serpent
Est moins aiguë & moins subtile ,
Que le venin caché que sa langue répand.

Stan ces fur la Mort.

LA Mort a des ri gueurs à nul le au tre
    pa reil les :
  On a beau la pri er ;
La cruel le qu'el le eft , fe bou che les
    o reil les ,
  Et nous laif fe cri er.
Le pau vre en fa ca ba ne , où le chau me
    le cou vre ,
  Eft fu jet à fes loix ;
Et la gar de qui veil le aux bar riè res
    du Lou vre ,
  N'en dé fend pas les Rois.

Stan ces fur la Mort.

*LA Mort a des ri gueurs á nul le au tre
    pa reil les :
  On a beau la pri er ;
La cru el le qu'el le eft , fe bou chè les
    o reil les ,
  Et nous laiffe cri er.
Le pau vrè en fa ca ba ne , où le chau me
    le cou vre ,
  Eft fu jet á fes loix ;
Et la gar de qui veil le aux bar ri è res du
    Lou vre ,
  N'en dé fend pas les Rois.*

Stances sur la Mort.

LA Mort a des rigueurs à nulle autre
    pareilles :
On a beau la prier ;
La cruelle qu'elle est, se bouche les oreilles,
    Et nous laisse crier.
Le pauvre en sa cabane, où le chaume le
    couvre,
    Est sujet à ses loix ;
Et la garde qui veille aux barrières du
    Louvre,
    N'en défend pas les Rois.

Stances sur la Mort.

LA Mort a des rigueurs à nulle autre
    pareilles.
On a beau la prier ;
La cruelle qu'elle est, se bouche les oreilles,
    Et nous laisse crier.
Le pauvre en sa cabane, où le chaume le
    couvre,
    Est sujet à ses loix ;
Et la garde qui veille aux barrières du
    Louvre,
    N'en défend pas les Rois.

INSTRUCTION

Pour les Perſonnes qui enſeignent à lire.

S'Il ſe trouve quelque enfant qui ne ſache point lire après ces différentes leçons , il ne faut pas aller plus loin , parce que les règles et les opérations ſuivantes ne ſont deſtinées qu'à perfectionner la lecture , & à donner aux enfans les premières idées de l'orthographe & de la prononciation. Il n'y a alors d'autre parti à prendre , que de faire recommencer à l'élève tardif, les élémens de lecture qu'il a déjà vus, ſimples ou compoſés, ſuivant que les premiers eſſais auront plus ou moins réuſſi.

* On trouve ici , depuis la page 69 juſqu'à la page 84, une ſuite de voyelles & conſonnes ſimples & compoſées , placées ſuivant l'ordre alphabétique , avec des exemples qui rendent familière la différente prononciation de ces voyelles ou conſonnes. Il faut faire lire cette partie avec le plus grand ſoin , & y revenir plus d'une fois : le plus ſûr moyen ſeroit de la faire écrire , dès que les enfans ſont en état de modeler leurs lettres.

Des voyelles longues & des voyelles brèves.

Les voyelles longues sont celles qui se prononcent lentement.	Les voyelles brèves, sont celles qui se prononcent promptement.
EXEMPLES.	EXEMPLES.
le hâle,	une halle,
un mâtin,	le matin,
un mâle,	une malle,
une châſſe,	la chaſſe,
de la pâte,	une patte,
une tâche,	une tache,
un hêtre,	une herſe,
un prêtre,	une prêtreſſe,
un gíte,	le giron,
un goître,	un goinfre,
un cloître,	une cloiſon,
une bûſe,	un buste,
une muſe,	une mule.

ai se prononce *é.*

on écrit,	on prononce,	on écrit,	on prononce,
j'aimai	j'émé	baiſſer	bèſſer
je donnai	je donné,	abaissement	abèſſement
je lirai	je liré,	biaiſer	bièſer,
je ferai	je feré,	caiſſier	kèſſier,
		niaiſer	nièſer,
		mauvais	mauvès,

ai se prononse *é.*

ay se prononce *ey.*

on écrit,	on prononce.		
crayon	créyon,	naître	nètre,
rayon	réyon,	maître	mètre,
payer	péyer,	notaire	notère,
pays	péïs,	plaire	plère,

am a quelquefois le même son qu'*em*.		*an* a quelquefois le même son qu'*en*.	
ambition	empire,	avant	avent,
ample	emploi,	bannir	mentir,
flamme	femme,	demande	amende,
lampe	remplir,	fange	fente,
tambour	temple,	landes	lente.

ain, *ein*, *in*, ont le même son.			*eau* a le même son que *au*.	
dedain,	deffein,	deftin ;	anneau	naufrage,
effaim,	refrein,	mutin,	bateau	taupe,
grain,	feint,	fin,	bedeau	daube,
faim,	plein,	vin,	caveau	vautour,
humain,	ferein,	ferin,	flambeau	baume,
pain,	peint,	pin,	gâteau	autel,
plainte,	teinte,	finge,	hameau	mauve,
fainte,	feinte,	quinte.	morceau	fauce,
			pinceau	fauteur,
			rouleau	laudes.

aen, *ean*, *ent*, *aon*, fe prononcent *an* ; ils ont le même fon dans

Caen, Jean, dent, paon, faon, Laon.

excepté taon & taonner.

c fe prononce *f* & *k*.

EXEMPLES.

façade	arcade,	maçon	Mâcon,
glaçon	balcon,	forçat	placard,
Provençale	cafcade,	conçu	vaincu,
rançon	flacon,	rinçures	rancune,
garçon	gafcon,		

c final ne se prononce point devant une consonne.

E X E M P L E S.

blanc raisin,
clerc novice,
franc fripon,
porc frais,
marc d'or,

c se prononce à la fin de plusieurs mots.

E X E M P L E S.

almanac ammoniac,
estomac tabac,
aspect avec,
aspic syndyc,
baroc estoc,
musc Turc.

ch se prononce *che* & *ke*.

E X E M P L E S.

change Archange,
charité Eucharistie,
afficheur chœur,
échope chorographie
chocolat chorus,
choc écho,
chute catéchumène,
chymie,
chuchotter,
Chinois,

---

c final se prononce devant une voyelle.

E X E M P L E S.

du blanc au noir,
de clerc à maître,
franc étourdi,
porc-épic,
Marc - Antoine.

c ne se prononce point lorsqu'il est suivi d'une consonne. Il faut écrire,
un estomac plein,
du tabac d'Espagne.
mais il faut prononcer,
estoma plein,
taba d'Espagne.

chr se prononce *kre*.

E X E M P L E S.

Chrétien,
Saint-Chrême,
Chrétiennement,
Christophe,
Christianisme,
Chronique,
Chronographe,
Chronologie,
Chrysalyde.

c ſe prononce quelquefois *g*.

EXEMPLES.

on écrit,	*on prononce,*
Claude	Glaude,
cicogne	cigogne,
ſecond	ſegond,
ſecondement	ſegondement,
ſeconder	ſegonder,
ſecret	ſegret,
ſecrétaire	ſegrétaire,
ſecrétariat	ſegrétariat.

d ſe prononce *t* à la fin des mots, lorſqu'il eſt ſuivi d'une voyelle ou d'une *h* non aſpirée.

EXEMPLES.

on écrit,	*on prononce,*
grand apôtre	grant apôtre,
grand écrivain	grant écrivain,
grand homme	grant homme,
ſecond hymenée	ſecont hymenée,
ſecond article	ſecont article,
quand il boit	quant il boit,
quand on veut	quant on veut,
vend-il ?	vent-il ?
vend-elle ?	vent-elle ?
vend-on ?	vent-on ?
ſe défend-il ?	ſe défent-il ?
perd-elle ?	pert-elle ?

On ſupprime le *d* dans le mot *pied*. On dit, *mettre pié à terre*, & non pas *piét à terre*.

e est ouvert dans tous les monosyllabes terminés par une *s*.	*e* est encore ouvert devant quelques consonnes.

Il faut prononcer,

ces , des , les , mes , ses , tes ,

comme s'il y avait l'accent grave.

cès , dès , lès , mès , sès , tès ,

Il y a une exception pour le discours familier, on le prononce fermé, comme s'il y avait l'accent aigu.

on écrit,	on prononce,
ces livres	cés livres,
des hommes	dés hommes,
les femmes	lés femmes,
mes gens	més gens,
ses habits	sés habits,
tes meubles	tés meubles,

eu se prononce comme *u*.

on écrit,	on prononce,
Eustache	Ustache
à jeun	à jun

appel	j'appelle
bel	belle
cartel	il écartelle
chancel	il chancelle
hydromel	hirondelle
nouvel	nouvelle
amer	cancer
enfer	Jupiter

hier , fier , mer , &c.

e est fermé devant une consonne dans les mots suivans.

on écrit,	on prononce,
amandier	amandié
barbier	barbié
cordelier	cordelié
damier	damié
jardinier	jardinié
ouvrier	ouvrié
patissier	patissié
savetier	savetié.

gm se prononce *gue-me* dans plusieurs mots.

on écrit,	on prononce,
stigmates	sti gue ma tes
augmenter	au gue men ter
diaphragme	diá phra gue me
énigmatique	é ni gue ma tique.

D

gn se prononce *gue-ne* dans quelques mots.

on écrit	on prononce
inexpugnable	in ex pug na ble
magnétique	mag ne ti que
gnôme	gnô me

gn a un son mouillé dans les mots suivants :

on écrit	on prononce
assignation	assiniation
assigner	assinier
magnifique	magnifique
signer	sinier

on écrit	on prononce
incognito	incognito ,

comme dans

épargne „ épagneul.

h aspirée. On prononce l'*h*. dans les mots suivants.	*h* non aspirée. On ne prononce point l'*h*. dans les mots suivants.	*h* ne se prononce point quand elle est après une consonne.	
		on écrit	on prononce.
hache	habit	l'heure	leure
haro	habile	l'histoire	listoire
héros	héroïne	l'honneur	lonneur
hibou	histoire	l'humeur	lumeur
hotte	hôte	théologie	téologie
hûre	heure	adhérer	adérer
housse	horloge	rhéteur	réteur
hautbois	hôpital	Rhin	Rin
houlette	hôtel	Rhône	Rône
Hollande	hostilité	rhubarbe	rubarbe
huguenot	humanité.	rhume	rume.

Une *l* simple ou deux *ll* précédées de la voyelle *i*,
ont un son liquide ou mouillé

ail	aille.	eil	eille
bail	bataille	appareil	abeille
cail	canaille	conseil	corbeille
corail	écaille	orgueil	groseille
détail	futaille	orteil	treille
émail	grisaille	pareil	pareille
gaillard	limaille	réveil	merveille
mail	muraille	sommeil	sommeille
portail	paille	soleil	oseille
sérail	tenaille	vermeil	vermeille
éventail	Versailles	vieil	vieille.

il	ille	ouil ouille	euil euille
Avril	anguille	fenouil	Auteuil
chenil	cheville	andouille	Argenteuil
gril	étrille	verouil	Arcueil
fournil	famille	bredouille	cerfeuil
mil *graine*	mandille	citrouille	Choiseuil
nombril	quille	dépouille	écureuil
péril	pointille	gazouille	fauteuil
persil	quadrille	grenouille	feuille
sillon		farfouille	seuil
		gargouille	veuille
		patrouille	
exception		rouille	
		fouille.	
Gille	ville		
mil *nombre*	mille		
subtil	subtile.		

m se prononce quelquefois *n*.

EXEMPLES

on écrit	on prononce
Ambaſſade	Anbaſſade
bombarder	bonbarder
compter	conpter
combien	conbien
damnation	dannation
emmener	enmener
exempter	exenpter
importun	inportun
nombre	nonbre
ombrage	onbragé
pompeux	ponpeux
prompt	pronpt
Samſon	Sanſon.

m ſe prononce dans les mots ſuivants.

Amſterdam	immobile
amniſtie	infamie
calomnie	préſomptif
exemption	ſomptueux
hymne	ſomnambule
indemnité	ſymptôme
immédiat	immenſe,

n à la fin des monoſyllabes ſe joint toujours à la voyelle ſuivante, & à l'*h* non aſpirée.

EXEMPLES.

on écrit	on prononce
bien adroit	bié n'adroit
bien inſtruit	bié n'inſtruit
bien ombragé	bié n'ombragé
bien utile	bié n'utile
bien habile	bié n'habile
bien heureux	bié n'heureux
bien hiſtorié	bié n'hiſtorié
bienhonnête	bié n'honnête
bien humide	bié n'humide
on avance	o n'avance
l'on inſtruit	l'o n'inſtruit
bon enfant	bo n'enfant
mon ouvrage	mo n'ouvrage
rien en tout	rié n'en tout
ſon ami	ſo n'ami
ton habit	to n'habit
mon honneur	mo n'honneur

oi se prononce *oi* & *è.*	*ph* se prononce *f.*
EXEMPLES.	EXEMPLES.

avoir	avoit	Phaëton
boire	buvoit	alpha
croisée	crioit	Pharaon
devoir	devoit	asphalte
exploit	contemploit	pharmacie
foire	foible	emphâse
gloire	Anglois	phrase
histoire	j'étois	emphatique
mâchoire	mâchoit	Phébus
noire	connoît	prophête
poire	coupoit	phénomène
roitelet	roide	prophétique
soirée	pensoit	Amphion
toison	comptoit	philtre
voirie	liroit	amphibie
Chinois	connois	géographie
Danois	Charolois	philosophie
S. François	François	physique
Gaulois	Bordelois	métaphore
l'Artois	Ecossois	phosphore.
Génois	Hollandois	
Siamois	Bourbonnois.	

Il n'y a que l'usage qui apprenne cette différence.

D 3

pt se prononce aussi *ps.*

EXEMPLES.

aptitude   nuptial
adoptif   adoption
corruptible   corruption
Egypte   Egyptien
inepte   ineptie
présomptif   présomption
optique   option
obreptice   obreption
souscripteur   souscription
subreptice   subreption

pt se prononce quelquefois
simplement *t.*

EXEMPLES.

on écrit   *on prononce*

Apt *ville*   At
baptème   batême
compte   conte
ptisane   tisane
présomptif   présomtif
somptueux   somtueux
sept   set
septième   setième
symptôme   symtôme
sculpteur   sculteur
sculpture   sculture.

p se prononce à la fin des monosyllabes , devant une voyelle ou une *h* non aspirée.

EXEMPLES.

trop aimable trop habile
trop étourdi trop héroïque
trop insolent trop historié
trop opulent trop honorable
trop utile   trop humain.

p ne se prononce pas avant une consonne ou une *h* aspirée.

trop badin   trop hardi
trop délicat   trop hérissé
trop difficile   trop hideux
trop colère   trop honteux
trop durement trop hupé.

on ne prononce point le *p* dans le mot *loup.*

---

q se prononce à la fin des mots *cinq* & *coq* , lorsqu'ils sont avant une voyelle ou une *h* aspirée.

cinq amandes un coq étranger
cinq hommes un coq irrité.

q ne se prononce point devant une consonne.

on écrit   *on prononce*

cinq figues   cin figues
cinq pommes cin pommes
un coq d'inde un co d'inde

qua se prononce *coua* dans les mots suivants.

on écrit	on prononce
aquatique	accouatique
équateur	écouateur
équation	écouation
quadragénaire	couadragénaire
quadrangulaire	couadrangulaire
quadragésime	couadragésime
quadrature	couadrature
quadrupède	couadrupède
des in-quarto	des in-couarto

quinqua se prononce *coin-coua* dans les mots suivants.

on écrit	on prononce
quinquagénaire	couincouagénaire
quinquagésime	couincouagésime
quinconce	cuinconce
Quintilien	Cuintilien
Quinte-curce	Cuinte-curce
équestre	écuestre
questeur	cuesteur

r se prononce doucement à la fin des mots, lorsqu'il est suivi d'une voyelle ou d'une *h* non aspirée.

aimer ardemment
servir efficacement
partir incognito
parler obligeamment
se présenter humblement
arriver heureusement
se retirer honnêtement

r ne se prononce point lorsqu'il est suivi d'une consonne ou d'une *h* aspirée.

on prononce sans *r*

aimer tendrement
servir proprement
partir secrètement
parler facilement
se présenter hardiment
publier hautement
se retirer honteusement

deux ſſ entre deux voyelles se prononcent toutes deux.	ſ entre deux voyelles a le ſon d'un ʒ	ſ se prononce z à la fin des mots, lorsqu'il est ſuivi d'une voyelle ou d'une h non aſpirée.	
baſſe	baſe	bons amis	*exception pour le diſcours familier où l'on dit ſans s.*
baſſin	baſin	grands ennemis	
boiſſeau	oiſeau	gros intérêts	ſages & vertueux
buiſſon	oiſon	petits obſtacles	belles & bonnes
caſſer	cauſer	anciens uſages	bonnes à manger
chauſſe	choſe	longues habitu-des	douces au goût.
couſſin	couſin		*comme s'il y avoit*
écreviſſe	égliſe	premiers hon-neurs	ſage & vertueux
maſſue	maſure	après eux	belle & bonne
moiſſon	maiſon	mes ouvrages	bonne à manger
poiſſon	poiſon	les officiers	douce au goût.
roſſe	roſe	les affronts	
ruiſſeau	roſeau	leurs amis	ſ ſe prononce tou-jours à la fin des noms propres.
taſſe	extaſe	les ennemis	
vaſſal	vaſe	nos enfans	
		bonnes affaires	Agnus
châſſe	*on excepte*	tes offres	Bacchus
reſſusciter		ſes appas	Belus
préſſentir	préſéance	tous enſemble	Cadmus
préſſentiment	préſuppoſer	très éloquent	Créſus
s précédée d'une consonne		très honnête	Darius
ce prononce se		vous & moi	Danaüs
dauſe	perſécuté	ils iront	Iris, Mars
défenſe	ſenſé.	elles en ſont	Momus
Excepté dans les mots			Phalaris
tranſiger			Pirithoüs
tranſition			Romulus
tranſaction			Sémiramis.

ſc se prononce *ſq*, dans les mots suivants.

ſcaramouche
ſcapulaire
Scamandre
ſcandale
ſcarification
Scaron
ſcribe
Scot
ſcorbut
ſcorpion
ſculpteur
ſcrupule,
ſcrutin

Quelquefois *t* ne ſe prononce point à la fin des mots.

EXEMPLES.

avant
aſpect
diſtrict
inſtinct
reſpect
ſuſpect

ſc ſe prononce *ſe* dans les mots ſuivants

ſcélérat
ſcène
ſcèptre
ſceaux
ſcier
ſcience
ſcieure
ſcion
faiſceaux

on écrit

ſchiſme

on prononce

chiſme.

aſpect agréable
diſtrict étendu
inſtinct admirable
reſpect infini
ſuſpect en tout.

t ſe prononce à la fin des mots, lorſqu'il est ſuivi d'une voyelle ou d'une *h* non aſpirée.

EXEMPLES.

fort aimable
fort entier
tout entier
cent hommes
petit ignorant
ſavant écrivain
ſavant homme

t ne ſe prononce point, lorſqu'il est ſuivi d'une conſonne ou d'une *h* aſpirée.

EXEMPLES.

fort content
fort honteux
tout nouveau
tout hors d'haleine
petit faquin

il faut auſſi dire ſans *t*

un fort imprenable
un enfant inſtruit
un port à couvert
ſavant & poli, &c.

tia ſe prononce auſſi *ſia*

EXEMPLES

Aſtianax   Abbatial
beſtial   initial
beſtialité   Martial
tiâre   nuptial

D 5

tie se prononce aussi *sie.* | *tieux* se prononce toujours *cieux* | *tien* se prononce toujours *tien.*

E X E M P L E S.

amnistie aristocratie
amitié balbutier
amortie démocratie
hostie essentiel
moitié ineptie
ortie initier
partie minutie
rôtie prophétie.

tio se prononce *sio.*

E X E M P L E S.

bastion action
combustion collation
gestion faction
question nation.

E X E M P L E S.

ambitieux
captieux
facétieux
factieux
séditieux

E X E M P L E S.

chrétien
entretien
maintien
soutien.

à l'exception des deux mots

Capétien
Egyptien.

u forme un son séparé de l'*i*, dans les mots suivants.

Ambiguité, aiguille, aiguiser, appui, autrui, aujourd'hui, buisson, conduire, cuivre, fluïde, Guise, instruire, luire, muids, nuire, puise, ruine, suivre, suicide, traduire, &c.

l'*u* se confond avec l'*i* dans les mots suivants.

anguille, béguine, béquille, bourguignon, déguiser, figuier, guide, guider, Guillaume, guillemet, guise, sanguinaire, vuide, vuider, &c.

x se prononce *qs* dans les mots suivants.	*x* se prononce *gz* dans les mots suiv.	*x* a le son de deux *ſſ* dans les mots suiv.	*x* a le son du *z* dans les mots suivants.
			on écrit , on prononce
Alexandre	examen	Auxerre	ſixain　ſizain
Alexis	exemple	ſoixante	ſixième　ſizième
Axiôme	exiler	Bruxelles	dixième dizième
auxiliaire	exorde	& le ſon d'une *ſ* dans les mots ſuiv.	beaux yeux
fixer	exhumer		officieux ami
taxer		Xaintonge	généreux enne-mi
z rend fermé l'*e* qui le précède dans les mots ſuivants.	*z* rend ouvert l'*e* qui le précède dans les mots ſuiv.		précieux office.
allez-y	Sanchez		
venez-y	Rodriguez		

y a le son de deux *ii* entre deux voyelles.	*y* n'a que le son d'un *i* entre deux conſonnes.	lorſqu'une voyelle a deux points elle doit être pronon-cée ſéparément de celle qui la précède.
		E X E M P L E s.
aboyer	amygdales	athéïſme poëté
Bayonne	collyre	Caïn　Pirithoüs
bégayer	diachylon	déiſte　Raphaël
crayonner	hydropiſie	haïr　Saül
employer	lymphe	Judaïque ſtoïcien
fayancier	olympe	laïque
larmoyer	phyſique	Moïſe
moyen	ſympathie	naïf
noyer	ſymptômes	païs
payer		
rayonner		

INSTRUCTION

*Pour les Personnes qui enseignent
à lire.*

POUR mieux faire connaître aux enfans les voyelles longues & celles qui sont brèves, il faut enfin leur mettre sous les yeux un petit extrait du traité qu'en a fait M. l'abbé d'Olivet. C'est un ouvrage neuf & précieux, qui devrait être entre les mains de tous ceux qui ont le goût de notre langue.

M. l'Abbé d'Olivet divise les voyelles en longues, brèves & douteuses; mais pour ne point embarrasser les enfans, on ne les divise ici qu'en longues & brèves.

PROSODIE FRANÇAISE.

A , première lettre de notre alphabet , long.	*A prépofition & verbe* eft bref.
Un petit a,	Je luis à Paris ,
un grand a,	j'écris à Rome ,
une panfe d'a (*) ,	il a été,
il ne fait ni a ni b.	il a parlé.
A , long *dans*	A , bref *dans*
âcre, âge , agnus ,	Apôtre, apprendre,
ame , âne , anus ,	altéré , il chanta ,
âpre , &c.	&c.
ABE , long *dans*	ABE , bref *dans*
Arabe, aftrolabe.	fyllabe, fyllabaire,
ABLE , long *dans*	aimable , capable ,
cable, diable , érable , fable, rable, fable, on accable.	ABLE , bref *dans* durable, raifonnable , table , étable.
ABRE, toujours long cinabre , sabre , il fe cabre , délabrer fe cabrer.	
	AC , toujours bref , Almanac, bac, fac, eftomac , tillac.
	les pluriels toujours longs.

(*) *Panse ,* veut dire *ventre.* Il fignifie ici la partie de la lettre qui avance , cela veut dire , il n'a pas fait la moitié de la lettre.

ACE, long *dans* eſpace, grace, on lace, on délace, on entrelace,	ACE, bref *dans* audace, glace, préface, tenace, vorace , place.

M. Deſpréaux ne connaiſſait point ſans doute cette délicateſſe , lorſqu'il a fait rimer *préface* avec *grace* :

Un auteur à genoux dans une humble Préface ,
Au lecteur qu'il l'ennuie à beau demander Grace.

ACHE, long *dans* lâche , gâche , tâche , ſe fâcher , mâcher , relâcher , &c.	ACHE , bref *dans* tache , mouſtache , vache , Euſtache , il ſe cache , &c.

ACLE, toujours long , racler , oracle , miracle , obſtacle , ſpectacle , tabernacle.	

ACRE , long dans âcre, *piquant*, ſacre , *oiſeau.*	ACRE , bref *dans* acre , *de terre* , diacre , nacre , ſacre *du Roi.*
	ADE , toujours bref, aubade , caſcade , fade , ſérénade : il perſuade , &c.

ADRE , long *dans* cadre, escadre, quadrer, encadrer madré,

ADRE , bref *dans* ladre.

AFFE, APHE, AFFRE , toujours brefs : caraffe, épitaphe, agraffe, affres, balaffre, &c.

AFLE long *dans* rafle, je rafle, rafler, érafler.

AGE, long *dans* âge.

AGE, bref *dans* rage , page.

AGNE , long *dans* je gagne, gagner.

AGNE, bref *dans* campagne, Ascagne.

AGUE, bref *dans* bague, dague, vague, extravaguer, &c.

AIGNE, toujours bref: châtaigne , baigner, daigne, saigner.

AIGRE, long *dans* maigre, maigreur.

AIGRE, bref *dans* aigre, vinaigre.

AIL , bref *dans* bercail, bétail, éventail, &c.
Les pluriels longs.

AILLE, long *dans* bataille, caille, maille, railler, rimailler, &c.

AILLE, bref *dans* médaille, émailler, travailler, *& aux indicatifs* ; je détaille, j'émaille, je bataille.

AILLET & AILLIR toujours brefs : maillet, paillet, j'aillir, affaillir.

AILLON, long *dans* baillon, haillon, penaillon, nous taillons,

AILLON, bref *dans* bataillon, médaillon, émaillons, détaillons, travaillons, &c.

AINE, long *dans* chaîne, haine, gaîne, je traîne.

AINE, bref *dans* fontaine, plaine, capitaine, hautaine, fouveraine.

AIRE, long *dans* une aire, chaire, une paire, il éclaire.

AIR, bref *dans* l'air, chair, éclair, pair.

AIS, AISE, AISSE, toujours longs : palais, plaife, caiffe, qu'il paiffe.

AIT, AITE, longs *dans* il plaît, il naît, il paît, faîte, attraits, parfaits, &c.

AIT, AITE, bref *dans* attrait, il fait, lait, parfait, parfaite, retraite.

ALE, long *dans* hâle, pâle, mâle, râle, râler, hâlé, pâleur, &c.

AL, ALE, ALLE, brefs *dans* royal, bal, moral, cigale, malle, scandale, &c.

AME, AMME, longs *dans* ame, infâme, blâme, flamme, nous aimâmes, nous chantâmes, *& tous les prétér. en* âmes.

AME, AMME, brefs *dans* dame, épigramme, estame, rame, enflammer, j'enflamme, &c.

ANE, ANNE, AMN, longs *dans* crâne, les mânes, de la manne, damner, condamner, &c.

ANE, ANNE, brefs *dans* cabane, organe, organiste, panne, pannetier.

APE, long *dans* râpe, râpé, râper.

APE, APPE, brefs *dans* Pape, frappe, frapper, sappe, sapper.

ARE, ARRE, longs *dans* avare, barbare, barre, bisarre, je m'égare, tiare, barreau, barrière, larron, carrosse, carrière.

ARE, ARRE brefs *dans* avarice, barbarie, je m'égarais, amarrer, &c.

AVE, long *dans* conclave, entrave, grave, je pave, &c.

AV, AVE, brefs *dans* conclaviste, gravier, aggraver, paveur, &c.

ECS , longs *dans* les Grecs, les échecs.

EC , bref *dans* sec, Grec, échec.

EBLE , EBRE, ECE, brefs *dans* hièble, funèbre , nièce pièce.

ECHE , long *dans* bêche, lêche, grièche, revêche, pêche , *fruit, ou l'action de prendre le poisson.*

ECE , bref *dàns* calèche , flèche , flamèche, fèche. brèche, péché, pécher.

ECLE , EDE , EDER , bref *dans* siècle , tiède , remède, céder , posséder , &c.

ÉE , toujours long *à la fin des mots* pensée, aimée;
& ainsi des autres voyelles suivies d'un e *muet,* lie, jolie, nue, &c.

EF , EFFE , longs *dans* chef, greffe, &c.

EF , EFFE , bref *dans* clef , bref, effet , &c.

EFLE, long *dans* nefle.

EFFLE , bref *dans* trefle.

EGE, long *dans* collége, facrilége, siége, &c.

EGE, EGLE, EIGLE, brefs *dans* léger, règle, feigle, &c.

EGNE , long *dans* règne , duègne , &c.

EGNE , EIGNE , brefs *dans* impregne , peigne , enseigne, qu'il feigne.

EGRE , EGUE , brefs *dans* alléguer , bègue , collègue , intègre , nègre , &c.

EIL , EILLE , longs *dans* vieil , vieillard , vieillesse.

EIL , EILLE , brefs *dans* soleil, abeille, sommeille , &c.

EIN , EINT, longs *au pluriel :* dépeints , desseins , sereins.

EIN, EINT, brefs *dans* atteint , dépeint , dessein , serein, &c.

EINE , long *dans* reine.

EINE , *presque* bref *dans* peine , veine.

EINTE, toujours long: atteinte, dépeinte ; feinte , &c.

ELE , ELLE , longs *dans* zêle, poêle , frêle , pêle-mêle , il grêle , il se fêle, paralèlle.

ELE , ELLE , brefs *dans* modèle , fidèle , immortelle, rebelle , &c.

EM , EN , longs *dans* temple , exemple gendre , prendre cimenter , tenter.

EM , EN , brefs *lorsque la consonne est redoublée , comme dans*

EME, long *dans* apozême, baptême, chrême, diadême

ENE, ENNE longs *dans* alène, chêne, scène, gêne, frêne, Athènes, antennes,

EPE, EPRE, longs *dans* crêpe, guêpe, vêpres.

EQUE, long *dans* Evêque, Archevêque.

ER, long *dans* amer, enfer, hiver, verd, léger, &c.

emmener, ennemi. *& à la fin des mots* item, amen, examen, hymen, Bethléem.

EME, bref *dans* je sème, tu sèmes, il sème, &c.

ENE, ENNE, brefs *dans* qu'il apprenne, étrenne, phénomène, qu'il prenne, &c.

EPRE, bref *dans* lèpre, lépreux, &c.

EPTE, EPTRE, toujours brefs, il accepte, scèptre, spectre, précepte.

EQUE, ECQUE, brefs *dans* Grecques, bibliothèque, obsèques.

ER, bref *dans* Jupiter, Esther, *& dans les infinitifs.* louer, manger, &c.

ERE, ERR, longs *dans* chimère, père, il erre, il espère, sincère, perruque, nous verrons.

ERC, bref *dans* clerc, &c.

ERE, ERR, brefs *dans* chimérique, espérer, sincérité, erreur, erroné, errata, &c.

ESE long *dans* il pèse.

ESE, bref *dans* pèse-t-il ?

ESSE, long *dans* abbesse, professe, compresse, on me presse, expresse, cesse, lesse.

ESSE bref *dans* caresse, paresse, tendresse, adresse, &c.

ESTE, ESTRE, brefs *dans* modeste, leste, terrestre.

ET, EST, long *dans* arrêt, benêt, forêt, genêt, prêt, acquêt, apprêt, intérêt, têt, protêt, il est, &c.
& dans les pluriels.

ET, bref *dans* cadet, bidet, sujet, hochet, marmouzet, &c.

ETE, long *dans* bête, fête, honnête, boëte, tempête, quête, arrêté, &c.

ETE, bref *dans* Prophête, poëte, comète, tablette, houlette.

ETRE , long *dans* être, ancêtre , falpêtre , fenêtre , prêtre , hêtre, champêtre, guêtre , je me dé- pêtre

ETRE, ETTRE, brefs *dans* diamêtre , il pénètre , lettre , mettre , &c.

EULE , long *dans* meule, veule , &c.

EULE , bref *dans* feule, gueule , &c.

EUNE, long dans jeûne , *abſtinence.*

EUNE , bref *dans* jeune, *en parlant de la jeuneſſe.*

EURE , long *dans* cette fille eſt majeu- re, *j'attends depuis* une heure.

EURE , bref *dans* la majeure., une heure *entière.*

EVRE , long *dans* orphèvre , lèvre , chèvre , lièvre.

EVR , EVRE , brefs *dans* levrette, ché- vrier, levraut, ché- vreuil.

IDRE , YDRE , longs *dans* hydre , cidre.

YDRE , bref *dans* hydromel , *& par- tout ailleurs.*

IE, long *dans* il crie il prie , vie, faifie.

IE , bref *dans* crier , prier , &c.

IGE , long *dans* tige, prodige , liti- ge, je m'oblige , il s'afflige.

IGE , bref *dans* obliger, s'affliger, &c.

ILE , long *dans* île , presqu'île, &c.	ILE , bref *par tout* ailleurs.
IRE, long *dans* empire, cire, écrire, il foupire, il défire.	IRE , bref *dans* foupirer , défirer , &c.
ITE , ITRE , longs *dans* bénite, gîte, regître , vîte , &c.	ITE , ITRE , brefs *dans* bénitier , réitérer , titre , arbitre , &c.
IVE , IVRE , longs *dans* tardive , captive, Juive, vivre.	IVE, IVRE, brefs *dans* captiver, captivité, ivreffe , &c.
O , long *dans* ofer, ofier , ôter, hôte, &c.	O, bref *par tout ailleurs, & au commencement des mots* hôtel , hôtellerie.
OBE , long *dans* globe, lobe, &c.	OB, OBE, brefs *dans* globule, obélifque, & *par tout ailleurs.*
ODE, long *dans* roder, je rode.	ODE , bref *dans* mode , antipode.
OGE , long *dans le* feul mot, le Doge.	OGE, bref *dans* éloge, horloge , déroger, & *par tout ailleurs.*
OGNE, long *dans* je rogne.	OGNE , bref *dans* trogne, Bourgogne, & *par tout ailleurs.*

OIENT, long *au pluriel* : ils avoient, ils chantoient.

OIN, long *dans* oint, moins, joindre, pointe.

OIR, OIRE, longs *dans* boire, gloire, dortoir, histoire, mémoire.

OIS, toujours long *à la fin d'un mot*; Anglois, bourgeois, François.

OLE, long *dans* drôle, geôle, môle, contrôle, rôle, il enjôle, il enrôle, il vole, *de* voler *en l'air*.

OM, ON, longs, *lorsque l'm ou l'n n'est pas redoublée*, comme *dans* bombe, conte, monde, &c.

OME, ONE, longs *dans* atôme, axiô-me, amazône, prône, aumône, &c.

OR, ORE, ORPS, ORS, longs *dans* encore, hors, corps, pécore, je décore.

OT, long *dans* dépôt, impôt, prévôt, entrepôt, rôt, tôt.

OTE, long *dans* côte, côté, hôte, j'ôte, note, maltôte.

OTRE, long *avec l'accent circonflexe*: le nôtre, le vôtre, Apôtre.

OUE, OUDRE; longs *dans* poudre, moudre, résoudre, il loue, roue.

OUILLE,

OIT, bref *au singulier*
il avoit, il chan-
toit.

OIN, bref *dans* loin,
besoin , moins ,
jointure , appointé.

OIR , OIRE , brefs
dans espoir , ter-
roir , territoire ,
écritoire.

OIS, bref *dans* bour-
geoisie, foison, foi-
sonner.

OL , OLE , OLLE,
brefs *dans* géo-
lier , contrôleur,
rolet , il vole ,
(*il dérobe.*)

OM , ON , brefs *lors-*
que l'm ou *l'n est*
redoublée , comme
dans sommeil , con-
noître , monnoie ,
je sonnois.

OME , ONE , brefs
lorsque la consonne

est redoublée ,
somme , pomme,
consonne , couron-
ne , &c.

OR , ORE , brefs *dans*
encor , décoré ,
évaporé , &c.

OT , bref *dans* des-
pote , impotent,
dépt , rôti , pré-
votal.

OTE , bref *lorsque la*
consonne est redou-
blée ,
hotte , cotte , *&*
dans les mots flotte,
note , motet , &c.

OTRE, bref *lorsqu'il*
n'a point d'accent,
notre ami , votre
affaire.

OUL , OUDRÉ , OUÉ,
brefs *dans*
poudré , moulu,
loué , roué , &c.

E

Ouille, long *dans* rouille, j'embrouille, il débrouille, &c. | Ouill, bref *dans* rouillé, brouillon, brouillard, &c.

Ourre, long *dans* de la bourre, il bourre, il fourre qu'il courre. | Ourr, bref *dans* bourrade, courrier, rembourré, &c.

Ousse, long *dans* pousser, je pousse, &c. | Ouss, Ousse, brefs *dans* tousser, je tousse, coussin, &c.

Oute, long *dans* joûte, je goûte, croûte, voûte, il se dégoûte. | Oute, bref *dans* ajouter, coûter, couteau, il doute.

Outre, long *dans* coutre, poutre. | Outre, bref *dans* outré, outrance, *& par tout ailleurs.*

Uche, long *dans* bûche, embûche, on débûche, &c. | Uche, bref *dans* bûcher, bûcheron, débûcher, &c.

Ue, toujours long *dans* vue, cohue, tortue, on distribue, &c. | Ue, *presque* bref *dans le seul mot* écuelle.

Uge, long *dans* déluge, refuge, juge, ils jugent. | Uge, bref *dans* juger, réfugier, &c.

ULE , long *dans* brûler , je brûle. | ULLE, ULE, bref *dans* bulle , mule , &c.

UM, UME, UN, longs *dans* humble , j'emprunte , parfums , bruns , nous reçûmes , nous ne pûmes , &c. | UM , UME , UN , brefs *dans* humblement , brume , parfumé , brune , pétun , pétune , un , une , dunes , hunes.

URE , long *dans* augure , parjure , on assure , &c. | URE , bref *dans* augurer , parjurer , assurer , &c.

USE , long *dans* excuse , je récuse , muse , ruse , incluse , &c. | USE , bref *dans* excuser , récuser , refuser , &c.

USSE , long *dans* je pusse , je connusse , ils accourussent , &c. | UCE , bref *dans* aumuce , astuce , puce , &c.

UT , long *dans tous les verbes au subjonctif*, qu'il fût, qu'il mourût , *& dans le seul mot* fût, &c. | UT, bref *dans tous les verbes à l'indicatif*, il fut , il mourut , *& dans les substantifs* affut , scorbut , &c.

INSTRUCTION

*Pour les Perfonnes qui enfeignent
à lire.*

LA page 101 préfente un petit tableau de chiffres Romains & Arabes , depuis un jufqu'à mille. Il faut donner de bonne heure ces petites notions aux enfans pour les initier au calcul & à la numération : ce travail eft l'affaire de la main, foit au crayon , foit à la plume.

Cette leçon eft fuivie de l'explication des abréviations qui fe rencontrent fouvent dans les livres & dans les gazettes. Il ne faut point négliger de les leur faire connaître : on leur épargnera par-là , la petite mortification de fe trouver arrêtés, quand les abréviations fe préfentent.

CHIFFRES ROMAINS ET ARABES.

Romain.		Arabe.	Romain.		Arabe.
I	un	1	XXI	vingt-un	21
II	deux	2	XXII	vingt-deux	22
III	trois	3	XXIII	vingt-trois	23
IV	quatre	4	XXIV	vingt-quatre	24
V	cinq	5	XXX	trente	30
VI	fix	6	XL	quarante	40
VII	fept	7	L	cinquante	50
VIII	huit	8	LX	foixante	60
IX	neuf	9	LXX	foixante-dix	70
X	dix	10	LXXX	quatre-vingt	80
XI	onze	11	XC	quatre-vingt-dix	90
XII	douze	12	C	cent	100
XIII	treize	13	CXX	cent vingt	120
XIV	quatorze	14	CL	cent cinquante	150
XV	quinze	15	CC	deux cent	200
XVI	feize	16	CCC	trois cent	300
XVII	dix-fept	17	CD	quatre cent	400
XVIII	dix-huit	18	D	cinq cent	500
XIX	dix-neuf	19	DC	fix cent	600
XX	vingt	20	M	mille	1000

ABRÉVIATIONS

Qui se rencontrent le plus ordinairement dans les livres, & principalement dans les Gazettes.

J. C.	Jésus-Christ.
N.S.J.C.	Notre-Seigneur Jésus-Christ.
S. M.	Sa Majesté.
LL. M.	Leurs majestés, le Roi & la Reine.
V. M.	Votre Majesté, en parlant au Roi.
LL.H.P.	Leurs Hautes Puissances, en parlant de la Hollande ; on dit encore, en parlant d'elle,
L.É.G.	Les États-Généraux.
L.P.O.	La Porte Ottomane, ou simplement la Porte. C'est la Cour du Grand Seigneur.
Mgr.	Monseigneur. On donne ce titre au fils aîné de France Mgr. le Dauphin, pour le distinguer des autres Princes, auxquels on donne celui d'Altesse.
Mad.	Madame, en parlant à la Reine.
Mesd.	Mesdames, en parlant de nos Dames de France.

Mlle.	Mademoiselle.
N. D.	Notre Dame, la Sainte-Vierge.
Le P. R.	Le Prince Royal, le fils aîné du Roi de Suède, & celui du Roi de Prusse.
La R. P. R.	La Religion Prétendue Réformée.
S. A.	Son Altesse. ⎱ C'est le titre des Prin-
V. A.	Votre Altesse. ⎰ ces & Princesses du Sang.
S. A. Elect.	Son Altesse Electorale. C'est le titre des Princes Électeurs de l'Empire.
S. A. Em.	Son Altesse Eminentissime, en parlant d'un Cardinal.
S. A. R.	Son Altesse Royale, c'est le titre des Princes & des Princesses du sang. *Nota.* C'est aussi le titre des Electeurs qui sont Rois, quand on n'en parle que comme Electeurs.
S. A. S.	Son Altesse Sérénissime.
V. A. S.	Votre Altesse Sérénissime, en parlant aux Princes.
S. Em.	Son Eminence. ⎱ En parlant d'un
V. Em.	Votre Eminence. ⎰ ou a un Cardinal.
S. Exc.	Son Excellence. ⎱ En parlant aux
V. Exc.	Votre excellence. ⎰ Ambassadeurs & Plénipotentiaires.

S. G.	Sa Grandeur.
V. G.	Votre Grandeur.
S. H.	Sa Hauteſſe, en parlant de l'Empereur des Turcs.
S. M. B.	Sa Majeſté Britannique, le Roi d'Angleterre.
S. M. C.	Sa Majeſté Catholique, le Roi d'Eſpagne.
S. M. T. C.	Sa Majeſté Très - Chrétienne, le Roi de France.
S. M. D.	Sa Majeſté Danoiſe, le Roi de Danemark.
S. M. Imp.	Sa Majeſté Impériale, l'Empereur.
S. M. Nap.	Sa Majeſté Napolitaine, le Roi de Naples.
S. M. Pol.	Sa Majeſté Polonaiſe, le Roi de Pologne.
S. M. Port.	Sa Majeſté Portugaiſe, le Roi de Portugal.
S. M. Pr.	Sa Majeſté Pruſſienne le Roi de Pruſſe.
S. M. Suéd.	Sa Majeſté Suédoiſe, le Roi de Suéde.
Sire.	En parlant au Roi de France.
S. S.	Sa Sainteté, le Pape.
Le S. P.	Le Saint Père, en parlant du Pape.
V. S.	Votre Sainteté, en lui parlant.

V. G.   Votre Grandeur, en parlant aux Archevêques, Evêques, Miniſtres, Ducs, Maréchaux de France, Généraux d'Armée.

Don *ou* Dom,   mot Eſpagnol, qui ſignifie *Monſieur*. On donnait ce titre aux Bénédictins, Chartreux, Bernardins & Barnabites.

Le T. R. P.   Le Très-Révérend Père, ou le Révérendiſſime Père : on donnait ce titre aux Religieux diſtingués dans leur ordre.

La R. M.   La Révérende Mère : on donne ce titre aux Religieuſes ; elles ſe le donnent elles - mêmes entr'elles.

Fin de la première Partie.

E 5

LES VRAIS PRINCIPES

DE LA LECTURE, DE L'ORTHOGRAPHE, etc.

SECONDE PARTIE.

INSTRUCTION

Pour les personnes qui enseignent à lire.

ON a renfermé dans la première Partie des *Vrais Principes de la Lecture* tout ce qui regarde la prononciation de la Langue Française : Cette seconde Partie contient les premiers élémens de la Grammaire, de l'Arithmétique et de la Géographie, qui doivent principalement servir de leçons de lecture aux élèves : c'est le moyen de leur en donner une première idée, sans qu'il leur en coûte beaucoup de peine; la mémoire se charge facilement de ce qu'on a lu plusieurs fois. Ainsi, après avoir fait lire un petit article à un enfant, on peut commencer à lui en demander compte, & l'aider à l'entendre.

L'Arithmétique est suivie du Tableau des monnaies, mesures & poids en usage par toute la France, qu'il faut expliquer aux enfans avec beaucoup de soin afin de leur en rendre l'usage facile.

ABRÉGÉ DES PRINCIPES

DE LA GRAMMAIRE FRANÇAISE

LA Grammaire est l'art de parler & d'écrire correctement. Notre langue se compose de neuf sortes de mots ; savoir : le nom, l'article, le pronom, le verbe, le participe, l'adverbe, la préposition, la conjonction et l'interjection.

Des Genres.

La langue française n'a que deux genres, le masculin qui désigne le mâle, ou tout ce qui peut être précédé de *le* ou *un*, comme *un père, le soleil, le temps*, &c. et le féminin qui désigne la femelle, ou tout ce qui peut être précédé de *la* ou *une*, comme, *une mère, la lune, la terre*, &c.

Des nombres.

Il y a deux nombres : le singulier, quand on ne parle que d'une seule personne ou d'une seule chose, comme quand on dit *l'homme, la femme, le ciel, la terre* ; &

E 6

le pluriel quand on parle de plusieurs ,
comme quand on dit : *les hommes , les
femmes , les cieux , les terres , &c.*

Des Cas.

Il y a six cas : le *nominatif* , le *génitif* ,
le *datif* , l'*accusatif* , le *vocatif* & l'*ablatif* :
ils ne conviennent qu'aux noms , aux adjectifs & aux participes.

Du Nom.

Il y a deux sortes de noms ; le nom subftantif & le nom adjectif.

Le nom subftantif eft un mot qui nomme
fimplement une chose quelconque , comme
soleil , lune , étoiles.

Le nom adjectif est un mot qui marque
de quelle manière eft la chose nommée par
le nom subftantif , comme *Rond , ronde ,
Brillant , brillante.* Dans l'usage ordinaire ,
le nom adjectif se joint presque toujours à
un nom subftantif , *le soleil eft rond , la
lune eft ronde , les étoiles sont brillantes.*

Des Degrés de comparaison.

Les *dégrés de comparaison* font les différentes manières d'exprimer les qualités des
choses avec plus ou moins d'étendue. Les

noms adjectifs font les feuls fufceptibles de degrés de comparaison. Il y en a trois ; le *positif*, le *comparatif*, le *superlatif*.

Le *pofitif* eft l'adjectif fimple , sans y rien ajouter ; ainsi *honnête* , *fidèle* , sont des adjectifs pofitifs.

Le *comparatif* sert à exprimer une chose comparée à une autre , par une même ou différentes qualités Il y en a trois , s'avoir :

1°. Le *comparatif d'égalité* , qui se forme en mettant les mots *aussi* , *autant* , où *si* , avant les adjectifs , comme quand on dit , *Paris eft auffi grand que Londres.*

2°. Le *comparatif de supériorité* fe forme en mettant le mot *plus* avant les adjectifs , comme quand on dit , *l'Amérique est plus grande que l'Europe.*

3°. Le *comparatif d'infériorité* se forme en mettant le mot *moins* avant les adjectifs , comme *votre frère est moins prudent que vous.*

Il y a en français des *comparatifs* qui s'expriment par un seul mot , tels que *meilleur, pire et moindre* , qui signifient *plus bon* (il ne se dit pas) , *plus mauvais* , *plus petit.* Quoiqu'on ne dise pas *plus bon* , on dit *auffi bon* et *moins bon.*

Le *superlatif* est ce qui exprime le suprême degré de la qualité. Il y en a de deux sortes , le *superlatif absolu* et le *superlatif relatif*.

Le *superlatif absolu* est celui qui exprime le plus haut degré de la qualité , d'une manière absolue, & sans avoir rapport à autre chose ainsi , *très* ou *fort* sont des *superlatifs absolus* , comme dans ces exemples : *Cicéron était très-éloquent ; cette statue est fort belle.*

Le *superlatif relatif* est celui qui exprime le suprême degré de la qualité avec un rapport de la comparaison à quelque autre chose : ainsi en mettant *le , du , au , la , de la , à la , les , des , aux* , avant les comparatifs d'excès et de défaut , on forme des superlatifs. *Mon père est le plus brave des hommes ; ma sœur est la plus heureuse des femmes ; votre procédé est le moins honnête.*

De l'Article.

L'article est un petit mot que l'on met devant les noms communs , et qui en fait connaître le genre et le nombre.

Nous n'avons qu'un article *le , la ,* au singulier ; *les ,* au pluriel. *Le* se met devant un nom masculin singulier , *le père : la* se met devant un nom singulier féminin, *la mère :*

les se met devant tous les noms pluriels soit masculins, ou féminins, *les pères, les mères.* Ainsi l'on connaît qu'un nom est du genre masculin, quand on peut mettre *le* devant ce nom: on connaît qu'un nom est du genre féminin quand on peut mettre *la.*

Il y a deux remarques à faire sur l'article.

Première Remarque. On retranche *e* dans le mot *le*; on retranche *a* dans *la*, quand le mot suivant commence par une voyelle, ou une *h* muette.

Ainsi l'on dit *l'argent* pour *le argent*, *l'his-toire* pour la *histoire*; mais alors on met à la place de la lettre retranchée cette petite figure (') qu'on appelle *apostrophe. Voyez* les Principes généraux de l'Orthographe française, pag. 131.

Deuxième Remarque. Pour joindre un nom à un mot précédent, on met *de* ou *à* devant ce nom; *fruit de l'arbre*, *utile à l'homme.*

Alors au lieu de mettre *de le* devant un nom masculin singulier qui commence par une consonne, on met *du*, *l'éclat du soleil.*

Au lieu de *à le* on met *au*, *fidèle au roi.*

Devant un nom pluriel, *de les* se change en *des*; *à les* se change en *aux.*

SINGULIER MASCULIN.

le Roi.

Palais *du* Roi, pour *de le* Roi.

J'obéis *au* Roi, pour *à le* Roi.

PLURIEL MASCULIN.

les *Rois.*

Palais *des* Rois, pour *de les* Rois.

J'obéis *aux* Rois, pour *à les* Rois.

PLURIEL FÉMININ.

les Reines.

des Reines, pour *de les* Reines.

aux Reines, pour *à les* Reines.

Au contraire *de* & *à* devant *la* ne se changent jamais.

SINGULIER FÉMININ.

la Reine.

de la Reine.

à la Reine.

L'Adjectif.

L'adjectif est un mot que l'on ajoute au nom pour marquer la qualité d'une personne ou d'une chose, comme *bon* père, *bonne* mère, *beau* livre, *belle* image : ces mots *bon, bonne, beau, belle,* sont des adjectifs joints aux noms *père, mère,* &c.

On connaît qu'un mot est adjectif, quand on peut y joindre le mot *personne* ou *chose* : ainsi *habile, agréable* sont des adjectifs, parce qu'on peut dire, *personne habile, chose agréable.*

Les adjectifs ont les deux genres *masculin* et *féminin*. Cette différence de genres se marque ordinairement par la dernière lettre.

Comment se forme le Féminin dans les Adjectifs français.

RÈGLE GÉNÉRALE.

Quand un adjectif ne finit point par un *e* muet, on y ajoute un *e* muet, pour former le féminin : *prudent, prudente ; saint, sainte ; méchant, méchante ; petit, petite ; grand, grande ; poli, polie ; vrai, vraie,* &c.

Exceptions.

Première Exception. Les adjectifs suivans : *cruel, pareil, fol, mol, ancien, bon, gras, gros, nul, net, sot, épais,* &c. doublent au féminin leur dernière consonne avec l'e muet : *cruelle, pareille, folle, molle, ancienne, bonne, grasse, grosse, nulle, nette, sotte, épaisse.*

Beau & *nouveau* font au féminin, *belle, nouvelle,* parce qu'au masculin on dit aussi *bel, nouvel,* devant une voyelle ou une *h* muette, *bel oiseau, bel homme, nouvel appartement.*

Deuxième Exception. Blanc, franc, sec, frais, font au féminin *blanche, franche, sèche, fraîche.*

Public, caduc, font *publique, caduque.*

Troisieme exception. Les adjectifs *bref, naïf*, font au féminin *brève, naïve*, en changeant *f* en *v* : *long* fait *longue.*

Quatrième Exception. Malin, bénin font *maligne, bénigne.*

Cinquième Exception. Les adjectifs en *eur* font ordinairement leur féminin en *euse* : *trompeur, trompeuse ; parleur, parleuse ; chanteur, chanteuse*, cependant *pécheur* fait *pécheresse ; acteur* fait *actrice ; protecteur* fait *protectrice.*

Sixième Exception. Les adjectifs terminés en *x* se changent en *se, dangereux, dangereuse ; honteux, honteuse ; jaloux, jalouse*, etc. cependant *doux* fait *douce ; roux* fait *rousse.*

Comment se forme le pluriel.

Le pluriel dans les adjectifs se forme comme dans les noms en ajoutant *s* à la fin : *bon, bonne*, au pluriel, *bons, bonnes*, &c.

Mais la plupart des adjectifs qui finissent par *al* n'ont pas de pluriel masculin, comme *filial, fatal, frugal, pascal, pastoral, naval, trivial, vénal, littéral, conjugal, austral, boréal, final.*

Accord des Adjectifs avec les noms.

Règle. Tout adjectif doit être du même genre et du même nombre que le nom auquel il se rapporte.

Exemple.

Le bon père, la bonne mère ; *bon* est du masculin et du singulier, parce que *père* est du masculin et du singulier : *bonne* est du féminin et du singulier, parce que *mère* est du féminin et du singulier.

De beaux jardins, de belles fleurs : beaux est du masculin & au pluriel, parce que *jardins* est du masculin et au pluriel, &c.

Quand un adjectif se rapporte à deux noms singuliers, on met cet adjectif au pluriel, parce que deux singuliers valent un pluriel.

Exemple.

Le roi & le berger sont égaux après la mort : (et non pas *égal.*)

Si les deux noms sont de différens genres, on met l'adjectif au masculin.

Exemple.

Mon père et ma mère sont contens : (et non pas *contentes.*)

Quand à la place des adjectifs, il y en a qui se mettent devant le nom, comme *beau jardin, grand arbre,* &c. D'autres se mettent après le nom , comme *habit rouge* , *table ronde* , etc. L'usage est le seul guide à à cet égard.

(*) *Régime des Adjectifs.*

Règle. Pour joindre un nom à un adjectif précédent , on met *de* ou *à* entre cet adjectif et le nom : alors on appelle ce nom le *régime* de l'adjectif.

Exemple.

Digne de récompense ; content de son sort ; utile au roi ; semblable à son père ; propre à la guerre. Récompenfe eſt le régime de l'adjeſtif *digne* , parce qu'il est joint à cet adjeſtif par le mot *de*. Roi est le régime de l'adjectif *utile* , parce qu'il eſt joint à cet adjectif par le mot à.

Degrès de signification dans les Adjectifs.

On distingue dans les adjectifs trois degrés de signifieation , le *poſitif* , le *comparatif* , et le *superlatif*.

(*) La manière d'accorder un mot avec un autre mot , ou de faire régir un mot par un autre mot , s'appelle la *syntaxe* : ainsi la syntaxe est la maniere de joindre des mots ensemble. Il y a deux sortes de syntaxes , la syntaxe *d'accord* par laquelle on fait accorder deux mots en genre en nombre , etc. La syntaxe *de régime* , par laquelle un mot régit *de* ou *à* devant un autre mot.

Le *positif* n'est autre chose que l'adjectif même, comme *beau*, *belle*, *agréable*.

Le *comparatif* c'eſt l'adjectif avec comparaison : quand on compare deux choſes, on trouve que l'une eſt ſupérieure à l'autre, ou inférieure à l'autre, ou égale à l'autre.

Pour marquer un comparatif *de supériorité*, on met *plus* devant l'adjectif; comme : *la roſe eſt* plus *belle que la violette.*

Pour marquer un comparatif d'*infériorité*, l'on met *moins* devant l'adjectif ; comme : *la violette eſt* moins *belle que la roſe.*

Pour marquer un comparatif *d'égalité*, on met *aussi* devant l'adjectif ; comme, *la roſe eſt* auſſi *belle que la tulipe.*

Le mot *que* sert à joindre les deux choses que l'on compare.

Nous avons trois adjectifs qui expriment ſeuls une comparaiſon : *meilleur*, au lieu de *plus bon* qui ne ſe dit pas ; *moindre*, au lieu de *plus petit* ; *pire*, au lieu de *plus mauvais* : comme, *la vertu eſt* meilleure *que la ſcience* : *le menſonge eſt* pire *que l'indocilité.*

L'adjectif est au *ſuperlatif* quand il exprime la qualité dans un très-haut degré, ou dans le plus haut degré. Pour former le superlatif on met *très*, ou *le plus* devant l'adjectif, comme : *Paris est une* très-*belle ville*; et alors le superlatif s'appelle *absolu* : ou *Paris est* la plus *belle des villes* ; et ce superlatif s'appelle *relatif*, parce qu'il marque un rapport aux autres villes.

Noms et Adjectifs de nombre.

Les noms de nombre sont ceux dont on se sert pour compter.

Il y en de deux sortes : les noms de nombre *cardinaux*, et les noms de nombre *ordinaux*.

Les noms de nombre *cardinaux* sont *un*, *deux*, *trois*, *quatre*, *cinq*, *six*, *sept*, *huit*, *neuf*, *dix*, *onze*, *douze*, *treize*, *quatorze*, *quinze*, *seize*, *dix-sept*, *dix-huit*, *dix-neuf*, *vingt*, *trente*, *quarante*, *cinquante*, *soixante*, *quatre-vingt*, *cent*, *mille*, etc.

Les noms de nombre *ordinaux* se forment des cardinaux ; ces noms sont *premier*, *second*, *troisième*, *quatrième*, *cinquième*, *sixième*, *septième*, *huitième*, *neuvième*, *dixième*, etc.

Il y a encore des noms de nombres qui servent à marquer une certaine quantité, comme une *dizaine*, une *douzaine*, &c.

Il y en a encore d'autres qui marquent

les parties d'un tout, comme la *moitié*, le *tiers*, le *quart*, etc.

Enfin, il y en a qui servent à multiplier; comme le *double*, le *triple*, etc.

Du Pronom.

Le *Pronom* est un mot qui tient la place du nom.

Les pronoms *personnels* sont ceux qui désignent les personnes.

Il y a trois personnes : la première personne est celle qui parle, la seconde personne est celle à qui l'on parle, la troisième personne est celle de qui l'on parle.

Pronom de la première Personne.

Ce pronom est des deux genres; masculin, si c'est un homme qui parle; féminin, si c'est une femme.

Exemple.

SING. Je *ou* moi.

Me *pour* à moi, moi
{ *Le maître*, me *donnera un livre,* c'est-à-dire, *donnera* à moi *Le maître* me *regarde,* c'est-à-dire, *regarde* moi.

PLURIEL. Nous.

Pronom de la seconde personne.

Il est de deux genres ; masculin, si c'est à un homme qu'on parle ; féminin, si c'est à une femme.

Exemple.

SING. Tu *ou* toi.

Te *pour* à toi, toi. { Le *maître* te *donnera un livre,*
c'est-à-dire, *donnera* à toi.
Le *maître* te *regarde*, c'est-à-
dire, *regarde* toi.

L URIEL. VOUS.

Remarque. Par politeſſe, on dit *vous* au lieu de *tu* au ſingulier ; par exemple, en parlant à un enfant : vous *êtes bien aimable*

Pronom de la troisième perſonne.

Exemples.

SING. *m.* Il, *f.* Elle.

Lui *pour* à lui, à elle. { *Je* lui *dois le respect,* c'est-à-
dire, *je dois* à lui, à elle.

masc. Le, *fémin.* La. { *Je* le *connais,* c'est-à-dire,
je connais lui.
Je la *connais,* c'est-à-dire,
je connais elle.

PLURIEL

m. Ils *ou* eux, *f.* Elles.

Leur *pour* à eux, à elles. } *Je* leur *dois le respect,* c'est-
à-dire, *je dois* à eux, à
elles

Les *pour* eux, elles. } *Je* les *connais,* c'est-à-
dire, *je connais* eux,
elles.

Il y a encore un pronom de la troiſième perſonne *ſoi, ſe* : il eſt des deux geures & des deux nombres : on l'appelle *pronom ré-ſtéchi,* parce qu'il marque le rapport d'une perſonne à elle-même.

Exemple.

Exemple.

De soi.

Se pour à soi, soi, { *Il se donne des louanges*, c'est-à-dire, *il donne à soi.*
Il se flatte, c'est-à-dire, *il flatte soi.*

Il y a deux mots qui servent de pronoms savoir :

1°. *En* qui signifie *de lui*, *d'elle*, *d'eux* : *d'elles* : ainsi quand on dit, j'en *parle*, on peut entendre, je *parle de lui*, *d'elle*, etc. selon la personne ou la chose dont le nom a été exprimé auparavant.

2°. *Y* qui signifie *à cette chose*, *à ces choses*, comme quand on dit : je *m'y applique*, c'est-à-dire, *je m'applique à cette chose*, *à ces choses.*

Règle des pronoms.

Les pronoms *il*, *elle* ; *ils*, *elles*, doivent toujours être du même genre et du même nombre que le nom dont ils tiennent la place : ainsi en parlant de la tête, dites : elle *me fait mal* : *elle*, parce que ce pronom se rapporte à *tête* qui est du féminin et au singulier ; et en parlant de plusieurs jardins, dites : ils *sont beaux*, *ils*, parce que ce pronom se rapporte à *jardins* qui est du masculin et au pluriel.

F

Pronoms adjectifs.

Il y a des pronoms adjectifs qui marquent la possession d'une chose , comme *mon* livre , *votre* cheval , *son* chapeau , c'est-à-dire , le livre *qui est à moi* , le cheval *qui est à vous* , le chapeau *qui est à lui.*

SINGULIER.		PLURIEL.
masculin.	*féminin.*	*Des deux genres.*
Mon	Ma	Mes.
Ton	Ta.	Tes.
Son	Sa.	Ses.
Notre	Notre.	Nos.
Votre	Votre.	Vos.
Leur	Leur.	Leurs.

Première Remarque. Ces pronoms sont toujours joints à un nom *, *mon livre* , *ton chapeau.*

Deuxième Requarque. Mon , ton , son , s'emploient au féminin devant une voyelle ou une *h* muette : on dit *mon ame* pour *ma ame* , *ton humeur* pour *ta humeur* , *son épée* pour *sa épée.*

Autre Pronom.

SINGULIER.		PLURIEL.	
masculin	*féminin.*	*masculin*	*féminin.*
le Mien	la Mienne.	les Miens	les Miennes.
le Tien	la Tienne.	les Tiens	les Tiennes.
le Sien	la Sienne.	les Siens	les Siennes
		Des deux genres.	
le Nôtre	la Nôtre.	les Nôtres.	
le Vôtre	la Vôtre.	les Vôtres.	
le Leur	la Leur.	les Leurs.	

2°. Il y a des pronoms adjectifs qui servent à montrer la chose dont on parle, comme quand je dis : *ce livre*, *cette table*, je montre un livre une table.

SINGULIER.		PLURIEL.	
masculin	*féminin.*	*masculin*	*féminin.*
Ce , cet	Cette.	Ces	Ces.
Celui	Celle.	Ceux	Celles.
Celui-ci	Celle-ci.	Ceux-ci	Celles-ci.
Celui-là	Celle-là.	Ceux-là.	Celles-là.
Ceci.			
Cela.			

Remarque. On met *ce* devant les noms qui commencent par une consonne ou une *h* aspirée, *ce château*, *ce hameau* : on met *cet* devant une voyelle ou une *h* muette : *cet oiseau*, *cet honneur.*

Celui-ci, *celle-ci* s'emploient pour montrer des choses qui sont proches : *celui-là*, *celle-là*, pour montrer des choses éloignées.

3.° Il y a des pronoms *relatifs*, c'est-à-dire, qui ont rapport à un nom qui est devant ; comme quand je dis ; *Dieu* qui a créé le monde : *qui* se rapporte à *Dieu* : le livre que je *lis* : *que* se rapporte à *livre* : le mot auquel *qui* ou *que* se rapporte s'appelle *antécédent.* Dans les deux exemples ci-dessus, *Dieu* est l'antécédent du pronom relatif *qui*, *livre* est l'antécédent du pronom relatif *que.*

F 2

Pronom relatif.

Qui, } des deux genres et des deux nom-
Dont ou de qui, } bres.
Que,

Règle du Qui ou Que relatif.

Qui ou *que relatif* s'accorde avec son antécédent en *genre*, en *nombre* et en *personne* : ainsi dans cet exemple : *vous* qui *aimez l'étude*, *qui* est de la seconde personne, parce que *vous* est de la seconde personne ; il est du masculin ou du féminin, au singulier ou au pluriel, selon le genre et le nombre des personnes à qui l'on parle.

4.° Il y a des pronoms *interrogatifs* ; *qui ? quel ? quelle ?* comme quand on dit : qui *a fait cela ?* que *vous dirai-je ? Qui* on *que* est interrogatif quand il n'a point d'antécédent, et qu'on peut le tourner par *quelle personne ? ou qu'elle chose ?* Dans les deux exemples ci-dessus on peut dire : *quelle personne a fait cela ? quelle chose vous dirai-je ?*

Pronoms indéfinis, c'est-à-dire, qui signifient d'une manière générale.

Il y a quatre sortes de pronoms *indéfinis.*
1.° Ceux qui ne se joignent jamais à un nom, comme *on, quelqu'un, quelqu'une, qui-*

conque , *chacun* , *chacune* , *autrui* , *perſonne* , *rien*. Quand je dis : on *frappe à la porte* , quelqu'un *vous appelle* , je parle d'une perſonne , mais je ne déſigne pas quelle elle eſt.

2°. Ceux qui ſont toujours joints à un nom , comme *quelque* , *chaque* , *quelconque* , *certain* , *certaine* ; ex. *quelque nouvelle* ; certain *philoſophe*.

3°. Ceux qui ſont tantôt joints à un nom , & tantôt seuls , comme *nul* , *nulle* ; *aucun* , *aucune* ; *l'autre* ; *même* , *tel* , *telle* , *pluſieurs* , *tout* , *toute*.

4°. Ceux qui ſont ſuivis de *que* , comme *qui que ce ſoit* , *quoi que ce ſoit* , *quel* , *quelle que* ; par exemple : *quel que ſoit votre mérite* , *quelle que ſoit votre naiſſance*. *Quoi que* ; par exemple : *quoi que vous faſſiez*. *Quelque... que* ; par exemple : quelques *richeſſes que vous ayez*. *Tout... que* , *toute... que* ; par exemple : tout *ſavant que vous êtes* ; *la campagne toute belle qu'elle eſt*.

Des Verbes.

Le verbe eſt un mot dont le principal uſage eſt de ſignifier l'affirmation ou le jugement que nous faiſons des choſes. Quand on dit : *La campagne eſt belle* , *Paul aime ſon père* , on affirme ou l'on juge de la campagne qu'elle eſt belle , & de Paul qu'il aime ſon père ; par conſéquent *eſt* & *aime* ſont des verbes.

Les verbes ſe conjuguent ; c'eſt-à-dire qu'ils ſe récitent avec toutes leurs différences. Il faut d'abord conjuguer les verbes *avoir* & *être*, que l'on appelle *auxiliaires*, parce qu'ils ſervent à conjuguer les autres dans leurs temps compoſés.

Il y a quatre conjugaiſons. La première comprend les verbes dont l'infinitif est terminé par *er*, commé *adorer*.

La ſeconde comprend les verbes dont l'infinitif eſt terminé par *ir*, comme *polir*.

La troiſième eſt terminée, à l'infinitif, par *oir*, comme *vouloir*.

La quatrième comprend les verbes dont l'infinitif eſt terminé par *re*, comme *prendre*.

Il n'y a proprement que deux ſortés de verbes, ſavoir : le verbe ſubſtantif & le verbe adjectif. On peut encore regarder les verbes auxiliaires comme une troiſième ſorte de verbes. Le verbe *être* eſt verbe ſubſtantif, lorſqu'il eſt ſuivi d'un ſubſtantif ou d'un adjectif, qui ſe rapporte au ſujet ou au nominatif du verbe, comme dans ces exemples : *Le peuple eſt bon, vos amis ſont prudens.* Ainſi, tout verbe qui eſt ſuivi d'un nom subſtantif ou d'un nom adjectif , peut être regardé comme verbe ſubſtantif

Il y a cinq ſortes de verbes , ſavoir , le *verbe actif*, le *verbe paſſif* , le *verbe neutre* , les *verbes réfléchis & réciproques* , & le *verbe impersonnel*.

Le *verbe actif* eſt un verbe qui exprime une action , & après lequel on peut tou-jours mettre *quelqu'un* ou *quelque choſe*. *Deſcendre , monter* , ſont des verbes actifs , parce qu'on peut *deſcendre quelqu'un , mon-ter quelque choſe*.

Le *verbe paſſif* s'exprime par le verbe être , que l'on joint & que l'on conjugue , dans tous ſes temps , avec le participe du verbe actif. Ainſi dans ces exemples : *La maiſon eſt vendue. Dieu sera adoré , les portes seront fermées* , les mots *vendue , adoré , fer-mées* , ſont des participes paſſifs des verbes *vendre , adorer & fermer* , joints à quelques temps du verbe *être*.

Le *verbe neutre* eſt celui qui exprime quel-quefois une action , & quelquefois n'en ex-prime pas , mais après lequel on ne peut jamais mettre ces mots , *quelqu'un* ou *quel-que chose. Dîner , tomber* , ſont des verbes neutres , parce qu'on ne peut pas dire , *dîner quelqu'un , dîner quelque choſe , tom-ber quelqu'un , tomber quelque choſe*.

Le *verbe réfléchi* eſt celui qui exprime l'action d'un ſujet qui agit sur lui-même, & qui ſe conjugue toujours avec les pronoms conjonctifs, *me*, *te*, *se*, *nous*, & *vous*, lesquels se mettent entre le nominatif du verbe et le verbe. Ainſi, *je me plains*, *tu te trompes*, *il ſe reproche*, ſont des *verbes réfléchis*.

Le *verbe réciproque* eſt celui qui ſignifie l'action de deux ou de pluſieurs ſujets qui agiſſent les uns ſur les autres. *Ils s'aiment les uns les autres*, *nous nous embraſsons tous deux*. Ce verbe ſe conjugue de la même manière que le verbe réfléchi.

Le *verbe imperſonnel* eſt celui qui ne s'emploie, dans tous les temps, qu'à la troiſième perſonne du ſingulier, avec le pronom *il* ou *on*. *Il peut*, *il faut*, *on boit*, *on mange*, ſont des *verbes imperſonnels*.

Du Participe.

Un *participe* eſt un nom adjectif fòrmé d'un verbe, comme *paſſant* & *paſſé*, formés du verbe *paſſer*; *liſant* & *lu*, formés du verbe *lire*.

Il y a deux ſortes de *participes*, les *participes actifs* et les *participes paſſifs*.

Les *participes actifs* ſont ceux qui ont

ordinairement une signification active , & qui sont le plus souvent terminés en *ant* , comme *lisant, aimant*.

Les *participes passifs* sont ceux qui ont ordinairement une signification passive , & qui ne sont pas terminés en *ant* , comme les participes actifs : ainsi , dans ces exemples , *adoré* , *bâti* , *détruit* ; sont des participes passifs des verbes *adorer* , *bâtir* , *détruire*.

Des Prépositions.

Les *prépositions* sont des mots indéclinables , qui marquent les rapports que les choses ont entre elles , & qui ont toujours un nom ou un pronom pour régime , comme quand on dit : Dans *la ville* , avec *lui* , pendant *l'étude* , pour *moi*.

Les *prépositions* sont des mots indéclinables , parce qu'elles n'ont ni genre , ni nombre , ni cas , comme les noms & les pronoms.

De l'Adverbe.

Les *adverbes* sont des mots indéclinables qui se joignent le plus ordinairement au verbe , & qui en expriment quelques circonstances : ainsi , *j'aime tendrement* , *il a servi fidèlement* , expriment quelques circonstances des verbes *aimer & servir*.

Des Conjonctions.

Les *conjonctions* sont des mots indéclinables qui expriment diverses opération dé notre esprit, & qui servent à lier les parties d'une phrase ou d'un discours. Il y en a beaucoup d'espèces, que l'usage & la réflexion feront connoître, & distinguer des prépositions et des adverbes.

La *conjonction* qui s'emploie le plus souvent dans le discours, est la conjonction *que*, qui s'emploie dans un très-grand nombre de significations différentes, & dont la plus ordinaire est d'exprimer le régime de bien des verbes, comme dans *je crois que vous êtes brave, je doute que vous soyez fort,* où le *que*, avec ce qui suit, exprime le régime des verbes *je crois* & *je doute. Je crois quoi ? que vous êtes brave ; je doute de quoi ? que vous soyez fort. Que* est conjonction quand on ne peut le tourner ni par lequel, laquelle, ni par *quelle chose. Il faut que nous aimions nos pères.*

Des Interjections.

Les *interjections* sont des mots indéclinables dont on se sert pour exprimer quelques mouvemens de l'ame, comme la joie, la douleur, la crainte, la haine, l'encouragement, la colère, &c. *Aïe ! ah ! hélas ! hé ! oh ! hôla ! eh !* sont des interjections.

PRINCIPES GÉNÉRAUX
De l'Orthographe française.

L'Orthographe eſt la manière d'écrire correctement tous les mots d'une langue. On l'apprend par la lecture des dictionnaires & des bons livres.

On emploie en écrivant les figures suivantes : l'apoſtrophe ('), le tiret ou trait d'union (-), les deux points ſur une voyelle (:), la cédille (ç), la paranthèſe (()), les guillemets (»), les lettres capitales , les accents , la ponctuation & l'alinéa.

L'apoſtrophe marque une éliſion , c'eſt-à-dire la ſuppreſſion d'une de ces trois lettres *a* , *e* , *i* , devant une voyelle ou une *h* non aſpirée : elle ſe place au haut de la lettre qui précède la lettre ſupprimée.

En voici quelques exemples : *l'amour* , *l'honneur* , *l'eſpérance*.

Le *tiret* ſert à joindre deux mots pour prononcer comme s'il n'y en avait qu'un ; c'eſt pourquoi on l'appelle *trait-d'union* : *peut-être chef-lieu* , &c. Il ſert encore à la fin d'une ligne , lorſqu'on eſt obligé de tranſporter le reſte d'un mot à la ſuivante.

Les *deux points* , ou le *tréma* , ſur une voyelle , marquent que cette voyelle ne fait pas une même ſyllabe avec la voyelle qui la précède immédiatement. En voici quelques exemples : *Moïſe* , *Noël*.

La *cédille* eſt une eſpèce de virgule ou de petit *c* retourné, et ſe met ſous le *c* pour lui donner avant l'*a*, l'*o*, l'*u*, le même ſon de l'*s* , comme dans ces mots : *commença* , *leçon* , *conçoit* , *conçut* , *reçûmes*. On prononce comme s'il y avait *commenſa* , *leſſon* , *conſoit* , *conſut* , *reſſûmes*.

La *parenthèſe* ſe marque par deux eſpèces de crochets qui renferment un petit nombre de paroles qu'on inſère dans le diſcours , qui en interrompent le ſens , & qu'on croit néceſſaires pour l'intelligence de la phraſe , comme dans cet exemple :

Ce ſentiment conſervateur qui apprend aux araignées (comme inſectes dont les œufs ne ſont pas couvés comme ceux des oiſeaux) , à ne choiſir que des endroits où leurs petits peuvent trouver ſans peine leur nourriture.

Les *guillemets* ſont de petites virgules doubles (») qu'on met en marge à côté d'un diſcours , pour faire voir que ce diſcours eſt d'un autre auteur.

L'*alinea* commence une nouvelle ligne ,

quoique la précédente ne foit pas entièrement achevée.

Les lettres capitales , ou lettres majufcules , font les grandes lettres. On les emploie au commencement des noms propres & des phrafes , tels que *Rouffeau*, *Paris* , *la Seine* , &c.

L'accent eft une certaine marque que l'on met sur les voyelles pour les faire prononcer d'un ton plus fort ou plus faible.

Il y en a de trois sortes : l'accent aigu ('), l'accent grave (`) & l'accent circonflexe (^).

La *pontuation* eft la manière de marquer en écrivant les endroits d'un difcours où l'on doit s'arrêter pour en diftinguer les parties , et pour reprendre haleine en lifant.

On fe fert pour cela de la virgule (,), du point avec la virgule (;) , des deux points (:) , du point (.), du point interrogatif (?) & du point admiratif (!)

. Pour bien entendre la ponctuation , il faut encore savoir ce que c'eft que phrafe & période.

La *phrafe* eft compofée de plufieurs mots où fe trouvent un ou plufieurs noms qui expriment un ou plufieurs fujets dont on parle, & un ou plufieurs verbes qui expriment ce qu'on affirme.

La *période* est composée de plusieurs phrases qui dépendent les unes des autres , & qui sont liées par des conjonctions pour faire un sens complet.

ABRÉGÉ DE L'ARITHMÉTIQUE.

L'arithmétique est l'art de compter juste, & de faire avec des nombres diverses opérations qui en font connaître les propriétés.

Le nombre est une quantité composée de plusieurs unités.

L'unité est une chose qui n'est qu'une fois ; car un n'est jamais qu'un ; mais un répété quatre fois forme quatre , qui est par conséquent composé de quatre fois un , ou de quatre unités.

Nombrer, c'est exprimer toutes les quantités imaginables par le moyen des dix chiffres suivans :

1, 2, 3, 4, 5, 6, 7, 8, 9. 0.
Un, deux, trois, quatre, cinq, six, sept, huit, neuf, zéro.

Un représente une seule chose , quelle qu'en soit la nature ; 2 désigne le double de ce qui est réprésenté par un ; 3 le triple ; ainsi de suite jusqu'à 9 , qui forme une quantité de neuf fois plus qu'un feul , ou un nombre de neuf, compofé de neuf unités.

Lé zéro ne préfente rien , à moins qu'il ne foit précédé d'un autre chiffre , dont il augmente la valeur de dix fois. Deux zéros précédés d'un chiffre quelconque augmentent fa valeur de cent fois , &c.

On produit avec ces dix chiffres toutes les quantités imaginables.

En les réuniffant ou les répétant s'il eft néceffaire , on forme des unités de dixaines, de centaines, de mille , &c.

En commençant par les unités , qui font à droite , il faut aller à gauche , en difant :

Milliard............	Centaines de million.	Dixaines de million.	Million............	Centaines de mille..	Dixaines de mille...	Mille............	Centaine	Dixaine..........	Unité............
1	2	3	4	5	6	7	8	9	0

Ayant ainfi nombré de droite à gauche, on va de gauche à droite , en difant : un milliard deux cent trente-quatre millions cinq cent foixante-fept mille huit cent quatre-vingt-dix unités.

Des Décimales.

Une décimale est une unité de dix , ou la dixième partie d'une chose ou d'un nombre quelconque.

Ainsi un dixième , qu'on représente encore comme ceci, $\frac{1}{10}$, est la dixième partie de l'unité , comme un centième , $\frac{1}{100}$, est la dixième partie d'un $\frac{1}{10}$; un millième $\frac{1}{1000}$, la dixième partie d'un $\frac{1}{100}$.

Pour rendre le calcul plus facile , on représente les décimales de cette façon : par exemple si l'on veut énoncer quarante-trois unités sept dixièmes , on écrira 43,7 : on séparera le chiffre de la droite par une virgule ; de même si l'on veut exprimer quarante-trois entiers soixante quinze centièmes, on écrira 43,75 , & on séparera les deux chiffres de la droite par une virgule.

Les chiffres qui représentent les unités décimales , s'appellent chiffres décimaux.

Pour exprimer les nombres qui ne renferment point d'unités décimales , on met un zéro pour en tenir la place : ainsi , pour exprimer cent quarante millièmes , on écrit 0,140 , & ainsi de suite.

Il y a quatre principales opérations dans l'arithmétique , savoir : l'addition , la soustraction , la multiplication & la division.

De l'Addition.

L'addition eſt une opération par laquelle on réunit pluſieurs nombres pour n'en former qu'un ſeul , que l'on appelle somme ou total.

Exemple.

Il faut écrire les quatre nombres ſuivans de manière que les unités ſoient ſous les unités , les dixaines ſous les dixaines , les centaines ſous les centaines , &c.

Mille.	Centaines.	Dixaines.	Unités.
			7
	4	3	4
5	3	2	6
		8	8
Somme..... 5,	8	5	5

En commençant par la droite, en diſant 7 & 4 font 11 , & 6 font 17 , & 8 font 25 , il y a deux dixaines & cinq unités. Il faut écrire les cinq unités ſous la colonne des unités , retenir les deux dixaines pour les porter comme deux unités à la colonne des dixaines , & continuer l'opération en obſervant toujours la même marche , & on aura pour fomme ou total 5,855 , cinq mille huit cent cinquante-cinq unités.

Les nombres décimaux s'additionnent de la même manière. Ainfi , fi l'on avoit les nombres fuivans à additionner , voici de quelle manière il faudroit opérer.

Exemple.

			Unités.	Dixièmes.	Centièmes.	Millièmes.	Dix millièmes.
	4	3	4 ,	8			
	7	3	3	5	4		
	2	8	6	0	0 ,	6	
		2	4	0	0	0	7
Somme......	1 ,	4 ,	7	8 ,	3 ,	4	6 7

Après les avoir placés de manière que les unités de même espèce foient dans une même colonne verticale , comme dans le dernier exemple , on les fouligne. Partant des unités de la plus petite espèce , en allant toujours de droite à gauche , on trouvera 7, qui tient la place des dix millièmes ; on posera 7 , & ainfi de fuite , en fuivant toujours le même procédé.

Si les chiffres que l'on ajoute enfemble excèdent , on écrira le furplus , & on retiendra autant d'unités que l'on aura de fois dix.

De la souſtraction.

Souſtraire, c'eſt retrancher un nombre d'un autre nombre. Le réſultat s'appelle reſte ou différence.

Exemple.

Il faut écrire les deux nombres suivans de manière que les chiffres de même eſpèce ſoient tous les uns ſous les autres ; les unités ſous les unités, les dixaines ſous les dixaines, &c., &c.

```
7 8 6 4 6
  2 5 3 2
_____________
7 6, 1 1 4 , reste ou différence.
```

On opère en allant toujours de droite à gauche, en disant : qui de 6 paie 2 , reste 4 ; 4 de 3 , reste 1 , 6 de 5, reste 1 ; 8 de 2 , reste 6 ; 7 de rien , reste 7 : et l'on trouve pour différence 76, 114 unités.

Lorſque le chiffre du nombre que l'on veut ſouſtraire ſurpaſſe celui qui lui correſpond dans l'autre nombre , on emprunte ſur le chiffre précédent une unité qui vaut dix , dont on augmente celui qui est trop foible , & on diminue d'une unité celui ſur lequel on a emprunté.

Exemple.

7 3 8 5 2
3 4 7 2 5
―――――――
3 9, 1 2 7 , reste ou différence.

Pour faire une souftration avec les nombres décimaux , on fuit le même procédé, & on sépare fur la droite de chaque réfultat autant de décimales qu'il y en a dans le nombre qui en renferme le plus.

Exemple

5 7 6, 4 8
1 8 5 6 9
―――――――
3 9 0, 7 9, reste ou différence.

De la Multiplication.

Multiplier , c'eft répéter un nombre une certaine quantité de fois. Le nombre que l'on répète s'appelle *multiplicande* , & celui qui indique combien de fois il faut répéter s'appelle *multiplicateur*. Le résultat de cette opération s'appelle *produit*. Le multiplicande & le multiplicateur s'appellent *facteurs du produit*.

La multiplication s'opère comme l'addition , & n'en diffère qu'en ce que dans cette opération l'on ajoute des nombres quelconques , au lieu que dans la multiplication il s'agit d'ajouter le même nombre à lui-même.

Par exemple , pour multiplier 6 par 3, on pourrait écrire trois 6 les uns sous les autres , et les additionner comme on le voit ici :

$$6$$
$$6$$
$$6$$
$$\overline{18}$$

et la somme 18 , résultante de cette addition , serait le produit.

Les facteurs donnent un procédé plus court.

6, multiplicande.
3, multiplicateur.
18, produit.

Pour opérer , il faut prendre le multiplicateur , et dire 3 fois six font 18.

Exemple par deux chiffres.

$$24$$
$$45$$
$$\overline{120}$$
$$96$$
$$\overline{1080}, \text{ produit.}$$

Il faut multiplier par les unités , puis par les dixaines, ensuite par les centaines , &c.

Quand le multiplicateur est de plusieurs chiffres , on fait pour chaque chiffre un produit particulier , & la somme de tous les produits partiels est le produit total cherché.

Exemple.

Multiplicande. . . 8645
Multiplicateur. . . 737
60515
25935
60515
Produit. . . 6,371,365 unités.

D'où il résulte que le produit du multiplicande par les dixaines doit être avancé d'un
rang vers la gauche ; celui des centaines de
deux rangs ; celui des mille de trois , &c. ,
&c. , afin que , dans l'addition des différens
produits partiels , les unités de même espèce
se trouvent les unes sous les autres.

La multiplication des nombres décimaux
se fait absolument comme celle des autres
nombres , sans avoir égard à la virgule des
facteurs. Lorsque l'opération est finie , on
sépare par une virgule , sur la droite , autant de chiffres du produit qu'il y a de décimales , tant dans le multiplicande que dans
le multiplicateur.

Exemple.

Multiplicande. . . 344,5
Multiplicateur. . . 33,8
27560
10335
10335
11644, 10, produit.

Si le multiplicande & le multiplicateur contenaient des unités décimales d'une autre espèce , le raifonnement n'en ferait pas moins le même que ci-deffus.

De la Divifion.

La divifion eft une opération par laquelle on cherche combien de fois un nombre eft contenu dans un autre. Le nombre que l'on divife s'appelle *dividende* ; celui par lequel on divife s'appelle *divifeur* , & le réfultat s'appelle *quotient*.

Pour faire la divifion d'un nombre compofé d'autant de chiffres qu'on veut par un autre qui n'en a qu'un , il faut écrire le divifeur à côté du dividende , les féparer par un petit crochet ou accolade , prendre affez de chiffres dans le dévidende pour que le divifeur y foit contenu , & écrire au quotient le nombre de fois qu'il s'y trouve contenu , multiplier le divifeur par le quotient, ensuite retrancher ce produit de la partie prife dans le dividende , puis écrire le refte au-deffous en abaiffant le chiffre fuivant , ce qui donne un dividende partiel fur lequel on opère comme sur le précédent, & ainsi de ensuite jusqu'au chiffre des unités , & tous les quotiens partiels doivent produire un quotient total.

Exemple.

Dividende. . . 36246 { 6,   diviseur.
       0024 { 6041, quotient.
       006
        0

Pour diviser un nombre composé de plusieurs chiffres par un autre qui en contient
aussi plusieurs, il faut prendre à la gauche
du dividende une partie assez grande pour
que le diviseur puisse y être contenu, et
opérer comme dans l'exemple précédent.

Exemple.

Dividende. . . 227052 { 642, diviseur.
       4462 { 306, quotient.
       0000

Pour opérer la division avec les chiffres
décimaux, il faut suivre cette règle générale, & écrire à la suite du nombre qui a le
moins de décimales un nombre suffisant de
zéros pour qu'ils aient chacun des unités
décimales de même espèce. Cela ne change
pas la valeur du quotient. On les divise l'un
par l'autre sans faire attention à la virgule,
& le quotient exprimera des entiers & partie d'entier, si celui qu'on a pour diviseur
n'est pas contenu exactement dans celui
qu'on a pris pour dividende.

Exemple.

Exemple.

Dividende. 644,8420 { 3,6476, diviseur.
 280 082 { 1 7 6, quotient $\frac{29644}{36476}$.
 24 7500
 2 9644
 3,6476

On trouve au quotient 176 entiers $\frac{29644}{36476}$. Il n'est pas difficile de voir pourquoi le quotient exprime des unités simples ; car il est évident que $\frac{36476}{10000}$. seront contenus autant de fois dans $\frac{6448420}{10000}$ que 36476 unités seront contenues dans 6448420 unités : donc le quotient doit être des unités simples , puisqu'il ne fait qu'indiquer un nombre de fois.

PREUVES POUR LES QUATRE RÈGLES.

Preuve de l'addition.

La preuve de l'addition se fait en la commençant par la gauche. On souftrait successivement de la somme totale la somme partielle de chaque colonne , & si après la souftraction de la dernière colonne il ne reste rien , ce sera une preuve de l'exactitude de l'addition.

Exemple.

7834
3284
6476
17594
1110

G

Ainsi, pour s'assurer si l'addition précédente a été bien faite, on opère de la manière suivante, en commençant l'addition par la gauche. On dit, 7 et 3 font 1c, et 6 font 16 ; de 17 reste 1, qui, étant joint par la pensée au chiffre 5, font 15. On passe à la seconde colonne, en disant, 8 et 2 font 10, et 4 font 14 ; ôtés de 15 reste 1, qui, avec le chiffre suivant, donnent 19. En passant à la troisième colonne, on dira, 3 et 8 font 11, et 7 font 18 ; de 19 reste 1, qui, étant joint au chiffre suivant, donnent 14 ; de 14 reste 0, ou rien.

Preuve de la soustraction

On fait la preuve de la soustraction en ajoutant la différence ou le reste que l'opération a donné avec le nombre retranché. Si la somme se trouve égale au nombre supérieur, c'est une preuve que la première opération est exacte.

Exemple.

Nombre supérieur.   84368
Nombre retranché.   32257
Différence. 52111
                     84368 , preuve ,

Ainsi dans cet exemple, en ajoutant le nombre retranché avec le reste, on trouve le nombre supérieur.

Preuve de la multiplication.

La preuve de la multiplication se fait en divisant le produit par le multiplicande, et le quotient doit donner le multiplicateur.

Exemple.

Multiplicande.   144
Multiplicateur.   6 { 144
                  864 {   6
                  000

Preuve de la division.

Pour s'assurer si la division est bien exacte, il faut multiplier le diviseur par le quotient, & le produit donnera le dividende.

Exemple.

Dividénde.   288 { 12, diviseur.
              48 { 24, quotient.
              00   48
                    24
                   288, dividende.

G 2

TABLEAU

DES

MONNAIES, MESURES ET POIDS

EN USAGE PAR TOUTE LA FRANCE.

MONNAIES	USAGES ET VALEURS.

On a retiré de la circulation la monnaie qui représentait la livre tournois. On l'a remplacée par le franc, & on divise la valeur du franc d'après le calcul décimal.

En cuivre.

Centime.	Centième partie du franc.
Décime	Dixième partie du franc,

En argent.

Le quart de fr.
Le demi-franc.
La pièce d'un fr.
— de deux fr.
— de cinq fr.

En or.

La pièce de 10 fr.
— de 20 fr.
— de 40 fr.

MESURES DE LONGUEUR.	USAGES ET VALEURS.
Centimètre........	Centième partie du mètre.
Décimètre........	Dixième partie du mètre.
Mètre...........	Grandeur de l'étalon. Il sert pour l'aunage et les toisés ; il porte trente-sept pouces, pied de roi, de long.
Décamètre........	Dix fois la longueur du mètre.
Hectomètre........	Longueur de cent mètres.
Kilomètre........	Longueur de mille mètres.
Miriamètre........	Longueur de dix mille mètres. Le kilomètre et le miriamètre expriment les distances itinéraires.

MESURES DE CAPACITÉ.	USAGES ET VALEURS.
Centilitre........	Centième partie du litre.
Décilitre........	Dixième partie du litre.
Litre..........	Sa capacité est d'un décimètre de longueur, d'un décimètre de largeur, d'un décimètre de hauteur. Il représente la pinte de Paris, et un peu plus.
Décalitre........	Le décalitre est dix fois plus grand que le litre.
Hectolitre........	Mesure cent fois plus grande que le litre.
Kilolitre........	Vaut mille litres.
Mirialitre........	Vaut dix mille litres.

POIDS.	USAGES ET VALEURS.
Centigramme......	Cent fois plus petit que le gramme.

G 3

Décigramme...... Dix fois plus petit que le gramme.

Gramme.,....... Équivaut à dix-neuf grains, et sert à peser les matières précieuses, tels que l'or, l'argent, le diamant, etc.

Décagramme..... Vaut dix grammes.

Hectogramme...... Vaut cent grammes.

Kilogramme....... Vaut mille grammes.

Miriagramme..... Vaut dix mille grammes.

MESURES AGRAIRES	USAGES ET VALEURS.
Centiare.........	Centième partie de l'are.
Déciacre.........	Dixième partie de l'are.
Are.............	Surface de dix mètres de longueur et de dix mètres de largeur.
Décare.........	Vaut dix ares.
Hectare.........	Vaut cent ares, ou un peu plus de deux arpens.
Kilare..........	Vaut mille ares.
Miriare.........	Vaut dix mille ares.

MESURE POUR LE BOIS.	USAGES ET VALEURS.
Stère..........	Vaut un mètre de longueur, un mètre de largeur et un mètre de hauteur. Il y a le double stère et le démi-stère.

ABRÉGÉ DE L'ASTRONOMIE.

L'astronomie nous apprend que le soleil est un astre lumineux par lui-même, & qu'autour de lui roulent sept planètes, toutes dans le même sens, dont voici les noms, avec les caractères dont on se sert pour les marquer. *Mercure* ☿ *Vénus* ♀ la *Terre* ⊙, *Mars*, ♂ *Jupiter* ♃ , *Saturne* ♄ , *Herschel* ou *Uranus* ♅.

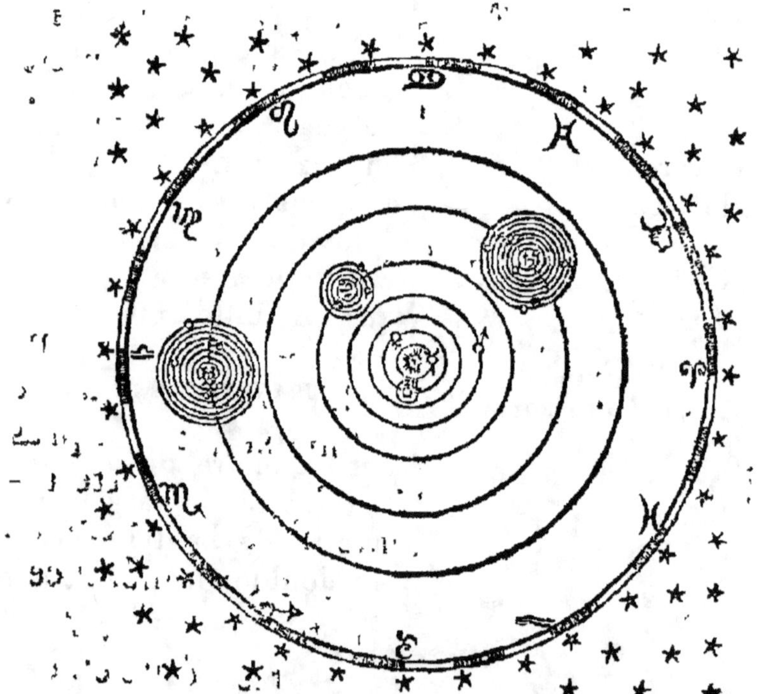

Ces planètes font opaques ; elles reçoivent leur clarté du soleil , & peuvent en réfléchir la lumière.

Mercure, la plus voisine du soleil, fait sa révolution autour de cet astre, en trois mois : *Vénus*, qui la suit, fait la sienne en moins de huit mois : la *Terre* emploie un an à faire la sienne ; *Mars*, plus éloigné, deux ans, moins six semaines ; *Saturne*, près de trente ans ; *Jupiter*, près de douze ans ; *Herschel*, la plus distante de toutes celles qui sont connues, un peu plus de quatre vingt-trois ans.

Mercure est la plus petite des planètes : Vénus est beaucoup plus grosse que lui ; la Terre plus grosse que Vénus ; Mars n'est qu'un septième de la Terre ; Jupiter est près de treize cent fois plus gros que notre globe ; Saturne n'est guère que mille fois plus gros que la Terre ; Herschel paraît beaucoup plus petit que Saturne.

Chaque planète, outre sa révolution autour du Soleil, laquelle forme son année en fait une autre sur son axe, à peu près comme une roue sur son essieu. Cette révolution, qui présente successivement au Soleil tous les points de sa circonférence, forme les jours et les nuits.

La Terre est ronde. Cette vérité est démontrée par les faits suivans : 1.° Etant sur le bord de la mer sa sphéricité s'aperçoit à l'œil. 2.° Si un vaisseau quitte le rivage,

le corps du bâ- timent difpa- raît le premier. et infenfible- ment, jufqu'au fommet des mâts. 3.° Les voyageurs qui ont fait le tour du monde fon' revenus par un point oppofé.

La Terre fait en vingt-trois heures, cin- quante fix minutes , fa rotation fur elle- même, d'occident en orient ; mais fa ré- volution annuelle eft d'orient en occident & s'exécute, en trois cent foixante-cinq jours & fix heures. Elle avance ainfi comme la roue d'un char qui eft en mouvement, ce qui eft repréfenté dans cette figure.

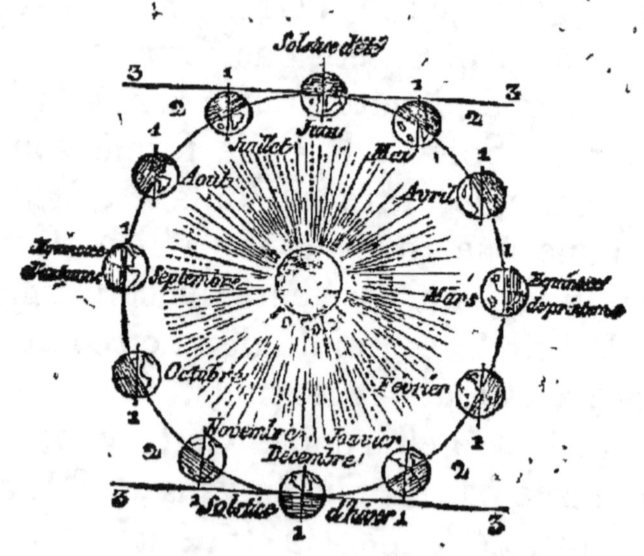

Le contraste des saisons dans les deux hémisphères a fait donner aux peuples qui les habitent des noms particuliers. On appelle *Périsciens*, ceux qui habitent les zones froides. *Hétérosciens*, ceux qui habitent les zones tempérées ; *Amphisciens*, ceux qui habitent la zone torride ; *Asciens*, qui veut dire sans ombre, indique les habitans des zones torrides, qui ont le soleil perpendiculairement sur leur tête ; les *Antisciens* habitent de différens côtés de l'équateur ; leurs ombres ont à midi des directions contraires. Ils sont tous désignés dans la figure suivante. Les Antipodes nom qu'on donne aux peuples qui ont les pieds opposés les uns aux autres sont désignés par une ligne qui va de gauche à droite.

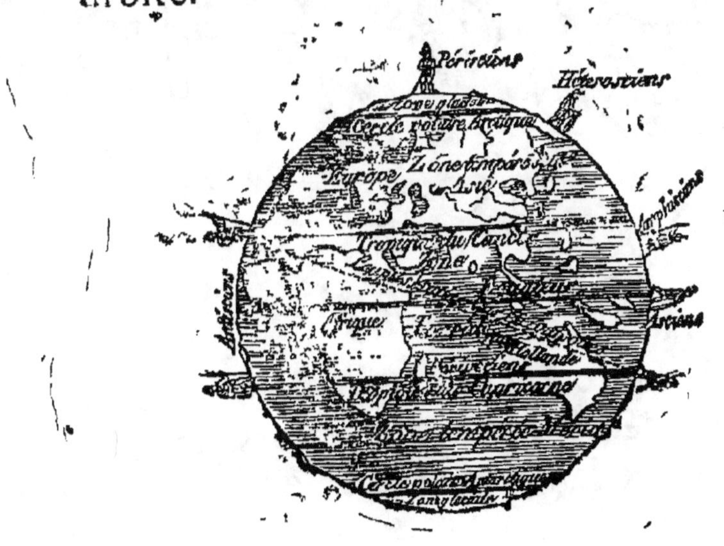

Notre globe a une lune qui tourne autour
de lui. Ce satellite ne présente jamais que
le même côté, qui ne tourne qu'une fois
sur son axe, en faisant sa révolution autour
de la Terre ; il lui réfléchit la lumière qu'il
a reçue du Soleil, en raison de ce que la
portion qu'elle présente de notre côté est
plus ou moins éclairée, et c'est ce qui fait
la pleine lune, son premier et second
quartiers.

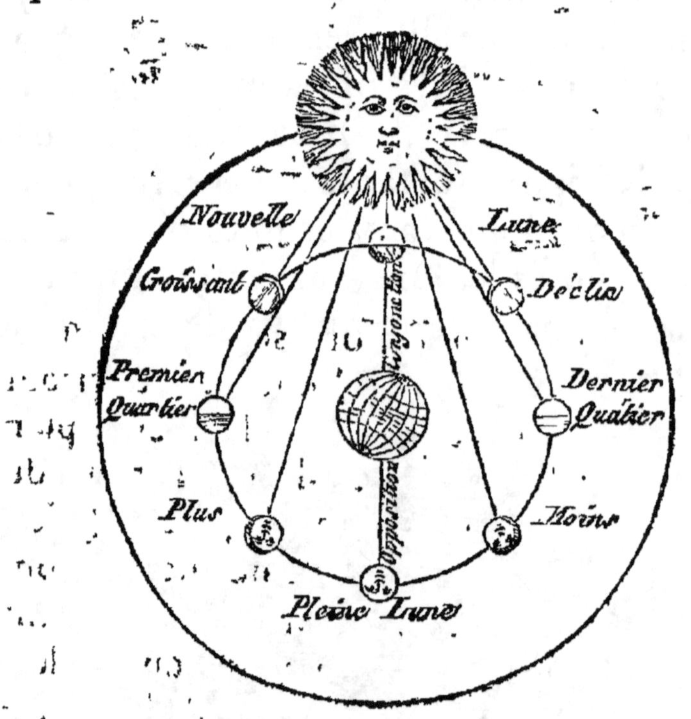

La Lune tournant autour de la Terre,
il arrive nécessairement que lorsqu'elle se
trouve entre la Terre et le Soleil, ce qu'on

appelle *conjonction*, elle devrait nous cacher plus ou moins cet astre et produire une éclipse de Soleil, et lorsque la Terre se trouve entre le Soleil et la Lune, ce qu'on appelle *opposition*, elle devrait couvrir la Lune de son ombre et produire ainsi une éclipse de Lune, comme le repréfentent ces deux figures.

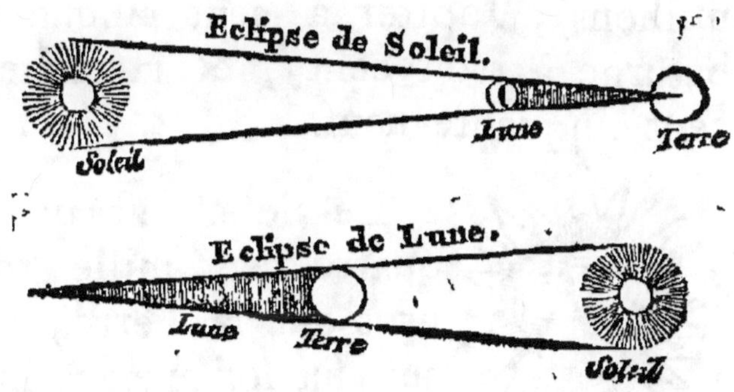

Cela arrive auffi fort souvent ; mais comme l'orbite que la Lune décrit autour de la Terre n'eft pas dans le même plan que celui de la Terre décrit autour du Soleil, la Lune dans ses *Sizigies*, (c'eft le nom commun que l'on donne à la conjonction et à l'oppofition) fe trouvant fréquemment un peu au-deffus ou au-deffous de l'ombre du Soleil ou de la Terre; alors il n'y a point d'éclipfe. Comme cependant ces deux orbites fe rencontrent à chaque révolution dans deux points que

l'on appelle *nœuds*, fig *a*, *b* toutes les fois que la conjonction ou l'op-position ont lieu dans le voisinage de ces nœuds; il y a éclipse. C'est par cette raison que l'orbitre de la Terre *c* a reçu le nom d'Écliptique.

Mercure est à douze millions de lieues du Soleil; Vénus à vingt-un; la Terre à prés de trente cinq millions; Mars à quarante-cinq millions; Jupiter à cent cinquante-six, Saturne à trois cent, & Herschel à six cent cinquante-neuf.

Le Soleil est un million quatre cent mille fois plus gros que la Terre, & tourne aussi sur son axe en vingt-cinq jours et demi.

Outre les planètes primitives qui circu-lent autour du Soleil, et que nous ne per-dons point de vue, pour ainsi dire, il en est d'autres, en beaucoup plus grand nombre, qui se montrent de temps en temps et qu'on appelle *comètes* ou *astres chevelus*, parce qu'elles traînent après elles une queue lumineuse qui est quelquefois très-longue, toujours opposée au Soleil. Elles diffèrent des autres planètes, en

ce qu'elles tournent autour du Soleil
en tout fens. Leur élipfe autour de cet
astre eft immenfe. Elles emploient pro-
bablement plufieurs fiècles pour la parcourir.

Les comètes diffèrent des planètes en ce
que les orbites qu'elles décrivent par leurs
révolutions périodiques fe portent vers
des parties du ciel fort différentes les unes
des autres et en ce qu'elles ne marchent
pas toujours comme elles, felon l'ordre
des signes.

Les autres astres qu'on appelle *Etoiles*,
ont été féparés par les aftronomes en grou-
pes qu'on appelle constellations. Ce font
des foleils qui ont vraifemblablement autour
d'eux des planètes, que nous ne pouvons
pas appercevoir : la plus brillante de ces
étoiles eft *Syrius* ; elle eft fi éloignée qu'il
eft impoffible d'en mefurer la diftance. On
a donné aux étoiles le nom de fixes, non
parce qu'elles n'ont aucun mouvement,
mais pour les diftinguer des planètes qui,
chaque jour, changent visiblement de place.

ABRÉGE DE LA GÉOGRAPHIE.

Pour l'intelligence de la géographie on
se sert d'un instrument rond, nommés phère,
dont voici la figure.

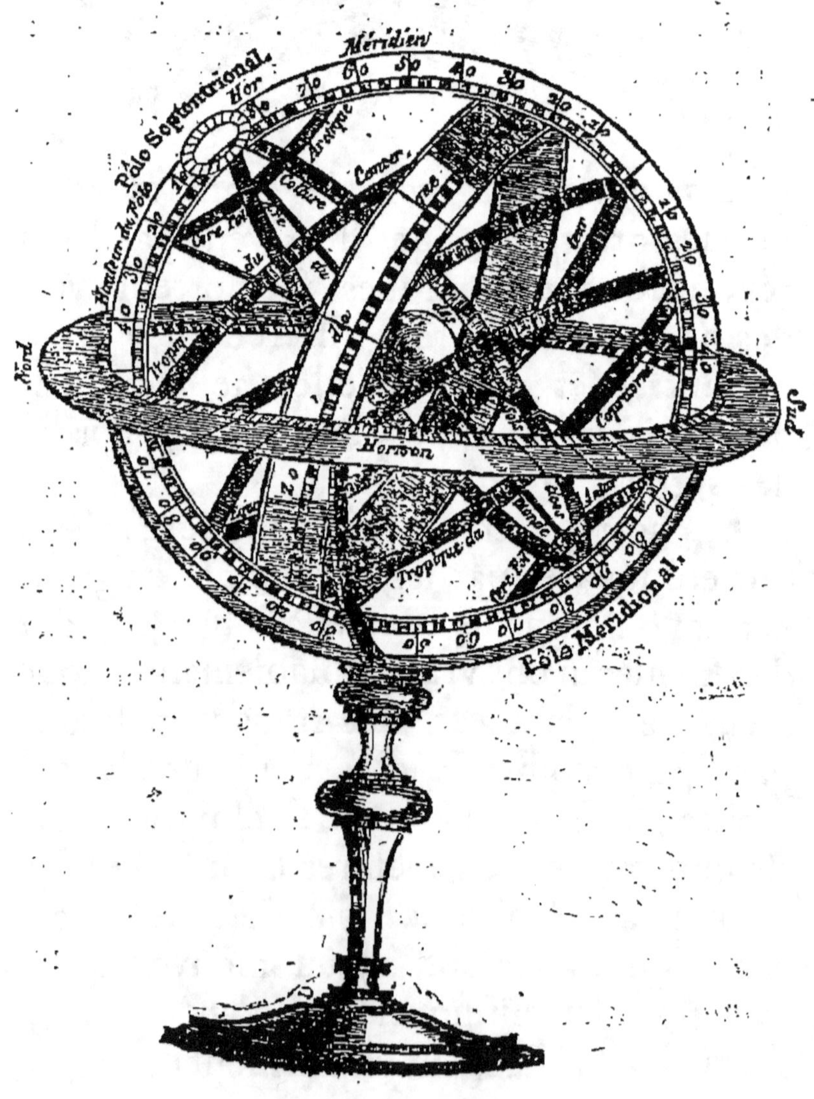

La *Sphère* comme on le voit, est composée de plusieurs cercles , au centre desquels on voit le Soleil & la Terre suspendu vis à-vis de cet astre.

La *Sphère* renferme six grands cercles , & quatre petits.

Les grands cercles passent par son centre et la divisent en deux parties égales. Les petits cercles ne passent pas par son centre et ne la divisent pas en parties égales.

Les six grands cercles sont : l'équateur, l'horizon , le méridien , le zodiaque et les deux colures.

L'équateur partage la sphère en deux hémisphères , celui du nord et celui du sud.

Un espace de terre compris entre deux cercles parallèles à l'équateur se nomme climat. Les climats se partagent en climats

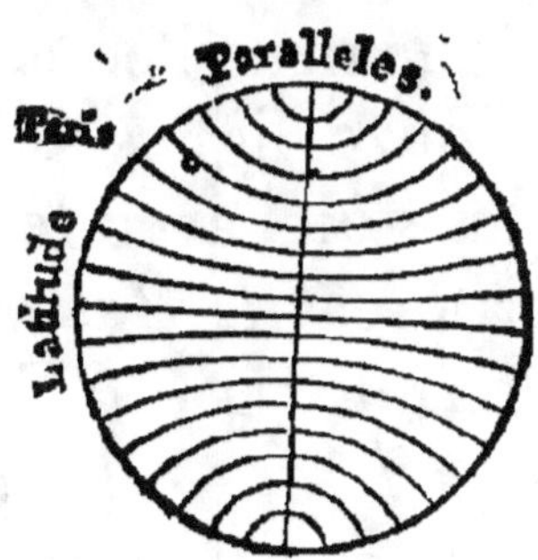

d'heures qui sont ceux dont le jour est plus long d'une demi-heure en sa fin qu'en son commencement ; et en climats de mois qui sont ceux dont le plus grand jour est plus long d'un mois en sa fin que dans son commencement.

L'horizon partage la sphère en deux hémisphères, l'un supérieur et l'autre inférieur.

Le méridien coupe l'équateur à angles droits, et divise la sphère en deux hémisphères, celui de l'orient et celui de l'occident. Un homme qui irait d'un pôle à l'autre par une ligne droite ne changerait pas de méridien ; au lieu qu'il en changerait à chaque pas, s'il allait par une ligne droite d'orient en occident, ou d'occident en orient. On peut donc imaginer dans ces directions, autant de méridiens qu'il y a de points dans le ciel ; et tous ces méridiens seront de grands cercles paſſant par le point du ciel qui répond sur notre tête, et par les deux pôles de la machine céleste.

Le zodiaque coupe obliquement l'équateur ; on y a repréſenté douze ſignes ou conſtellations d'étoiles ; les voici avec les caractères qui leur ſont propres : *le Belier* ♈, *le Taureau* ♉, *les Gémeaux* ♊, *l'Ecreviſſe* ♋, *le Lion* ♌, *la Vierge* ♍, *la Balance* ♎, *le Scorpion* ♏, *le Sagitaire* ♐, le Capricorne ♑, le verſeau ♒, les Poiſſons ♓.

Au milieu du zodiaque est tracé *l'écliptique* dont le soleil ne s'écarte point dans son cours annuel.

Les deux colures se coupent à angles droits aux pôles du monde. L'un se nomme le colure des *équinoxes* & l'autre celui des *solstices*.

Les quatre petits cercles sont les deux tropiques & les deux cercles polaires.

Les deux tropiques sont parallèles à l'équateur. L'un est vers le nord & se nomme le tropique du *Cancer*. l'autre vers le sud , & se nomme le tropique du *Capricorne*.

Les cercles polaires sont aussi éloignés des pôles de la sphère , que les deux tropiques le sont de l'équateur.

Les pôles de la sphère sont les deux extrémités de l'axe ou verge de fer , A-B qui la traverse et sur laquelle elle tourne. L'un se nomme *Arctique* , C et l'autre *Antarctique*, D.

Un globe ou une sphère se divise en deux parties égales appelées *Hémisphère* E-F.

Cette figure est le globe de carton que les géographes ont inventé pour mieux représenter la Terre, et sur lequel sont tracés les cercles de la sphère.

On remarque sur ce globe cinq zónes ou bandes : Ces zones sont la zone torride entre les tropiques, les deux zones tempérés entre les tropiques & les cercles polaires, & les deux zones glaciales entre les cercles polaires & les pôles.

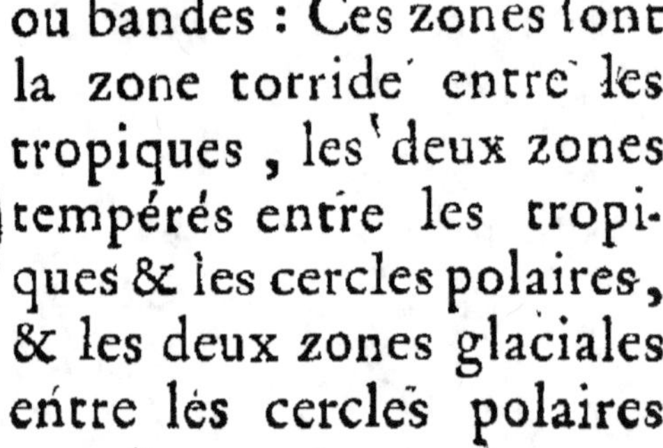

Chaque cercle est composé de 360 degrés, chaque degré de 60 minutes, & chaque minute de 60 secondes ; un degré équivaut à 25 lieues de France.

La *latitude* d'un lieu est la distance de ce lieu à l'équateur.

La *longitude* d'un lieu est la distance comprise entre le méridien de ce lieu & le premier méridien.

Les degrés de latitude sont toujours de 25 lieues ; ceux de longitude diminuent depuis l'équateur jusqu'aux pôles, ou tous les méridiens se confondent.

La géographie descriptive est la description du globe terrestre, qui se divise en cinq parties ; savoir : *l'Europe* , *l'Asie* , *l'Afrique* , *l'Amérique* , et la *Polynésie* ou *Océanique*. *L'Europe* est la moins étendue , mais elle est la plus peuplée & celle ou les arts et les sciences sont mieux cultivés. *L'Asie* est la plus riche en productions naturelles , en pierreries , etc. et en animaux. *L'Afrique* offre les climats les plus chauds et par conséquent beaucoup de déserts. *L'Amérique* découverte en 1492 par Christophe Colomb , est la plus grande partie , et celle où il y a plus de minéraux. La *Polynésie* est composée des îles du grand Océan.

PRINCIPES.

On divise le globe terrestre en deux parties , *l'eau* et la *terre*.

Une *mer* est un grand assemblage d'eau salée. La plus grande est *l'Océan*.

Un *détroit* est une mer resserrée entre deux terres.

Un *golfe* est une quantité d'eau de la mer qui s'avance dans les terres sans perdre ses communications avec la mer.

Un *lac* est une grande étendue d'eau qui n'a pas d'écoulement.

Un *fleuve* ne diffère d'une rivière qu'en

ce qu'il parcourt une plus grande étendue de pays et qu'il se jette dans la mer.

L'*étang* ou *vivier* est une eau qui vient d'une rivière ou d'une source, et qu'on retient par une chaussée, ou par un autre moyen, et où l'on conserve du poisson.

Un *marais* est une eau peu profonde qui s'évapore souvent par la chaleur du soleil.

Un *continent* est une grande étendue de pays, contenant plusieurs régions qui ne sont pas séparées par les eaux de la mer.

Un *promontoire*, ou *cap* est une élévation de terre qui avance dans la mer.

On entend par *côte* la partie de la terre qui est baignée par la mer.

Une *montagne* est une masse de terre ou de roche, qui s'élève sur la surface du globe.

Une *rade* est un endroit propre à jeter l'encre et à mettre les vaisseaux à l'abri du vent.

Une *île* est une terre environnée d'eau de tous côtés.

Une *presqu'île* est une terre environnée d'eau, à l'exception d'un seul endroit par où elle tient au continent.

L'*isthme* est une langue de terre, resserrée et pressée entre deux mers, qui joint la presqu'île au continent.

La plupart de ces objets font repréfentés dans la figure fuivante.

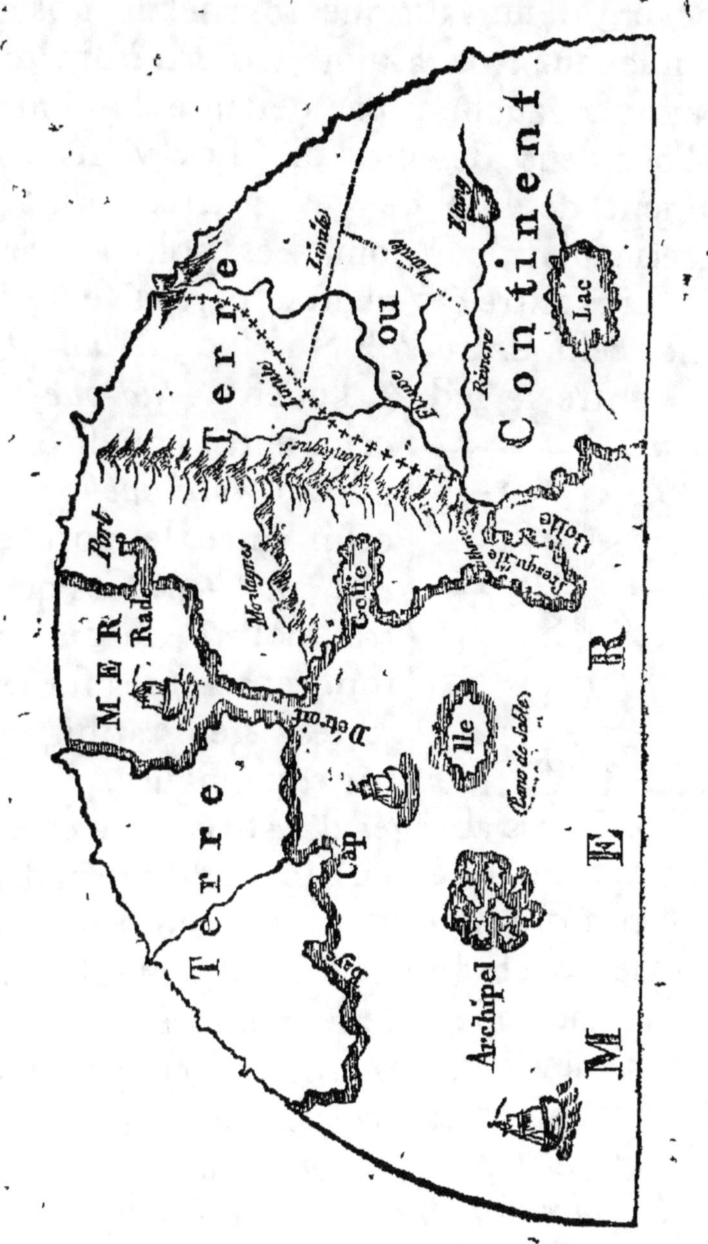

Les *quatre points cardinaux* font : le *nord*, le *midi*, *l'orient* et *l'occident*. Pour les trouver, il ne faut que tourner le dos au foleil levant ; on a alors le nord à droite, le midi à gauche ; par derrière l'orient, & l'occident devant foi. Les vents qui foufflent de l'un de ces quatres points, en retiennent leur nom. Les points inter-médiaires entre ces quatres parties fe nom-ment : celui entre l'eſt & le fud, *le fud-eſt* ; celui entre le fud & l'oueſt, *fud-oueſt* ; celui entre l'oueſt & le nord, *nord-oueſt* ; et celui entre le nord et l'eſt, *nord-eſt*. Ces quatre points cardinaux font repréfentés fur les cartes géographiques par cette figure.

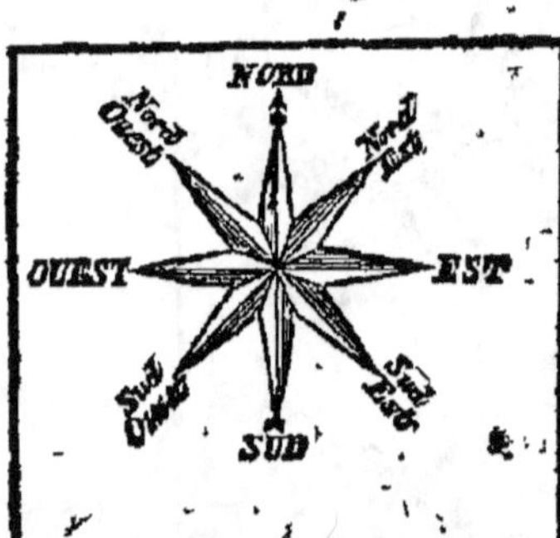

D'après ces abrégés d'Astronomie et de Géographie, les enfans fe rendront facile-ment compte de tout ce que nous allons expliquer, et qu'il eſt indifpenfable de favoir. Pour mieux le leur apprendre, les maîtres devront les interroger par les queſtions fuivantes ; *combien y a-t-il d'an-nées dans un fiècle, de mois dans une an-née? de jours dans un mois ? d'heures dans un jour ? &c.*

DU TEMPS , DU CALENDRIER, DES JOURS ET DES HEURES.

Un siécle est un espace de temps qui renferme cent ans. Un an est l'espace de douze mois , et un mois suivant l'ère vulgaire est composé de quatre semaines et quelques jours.

Il y a cinquante-deux semaines par an , qui ont chacune sept jours , dont voici les noms : Dimanche , lundi , mardi , mercredi , jeudi , vendredi et samedi. L'année a donc 365 jours et 366 tous les quatre ans ; c'est cette quatrième année qu'on nomme bissextille.

Les

Les douze mois de l'ère vulgaire font : Janvier, Février, Mars, Avril, Mai, Juin, Juillet, Août, Septembre, Octobre, Novembre & Décembre.

Un jour renferme vingt-quatre heures, & on l'appelle jour naturel. Il eft divifé en deux parties, la nuit & le jour ; que l'on partage auffi en quatre, qui font : le matin, le midi, le foir & minuit.

Le jour proprement dit, eft l'efpace de temps depuis le foleil levant jufqu'au foleil couchant, & la nuit depuis le foleil couchant jufqu'au foleil levant. Le jour à douze heures, & la nuit autant, il n'eft pas toujours égal ; il change fuivant les faifons, car il eft ainfi que la nuit, tantôt plus long, tantôt plus court.

Une heure eft l'efpace de foixante minutes, & chaque minute a foixante fecondes.

Une faifon eft une révolution qui fe fait dans la nature, régulièrement quatre fois dans l'année & qu'on nomme, le printemps, l'été, l'automne, & l'hiver.

Chaque faifon dure trois mois ; ainfi le printemps commence le vingt-un mars ; l'été le ving-un juin ; l'automne le vingt-un feptembre, & l'hiver le vingt-un décembre.

H

Les jours se trouvent deux fois dans l'année égaux aux nuits, aux 21 ou 22 mars, & aux 21 ou 22 septembre.

Ce sont ces temps qu'on appelle équinoxes ; & c'est le 21 ou 22 juin, & le 21 ou 22 décembre, qu'arrivent les solstices d'été & d'hiver.

La lumière qui précède le lever du soleil s'appelle *aurore* ; celle qui suit son coucher, *crépuscule* ; c'est aussi la lumière que l'on aperçoit le matin un peu avant l'aurore.

Les jours caniculaires sont les plus chauds de l'année, depuis le 20 juillet, jusqu'au 30 août. On leur a donné ce nom, parce que l'étoile du grand chien se lève & se couche pendant tout ce temps là, si près du soleil, qu'elle est cachée dans ses rayons.

Le jour le plus long, est le 21 ou 22 juin ; ensuite les jours décroissent successivement, & le jour le plus court arrive le 21 ou 22 décembre, & alors les jours croissent progressivement.

L'année des anciens commençait au mois de mars, & n'avait que dix mois ; ils en ajoutèrent ensuite deux.

L'ancien calendrier fut réformé par Jules-César, 46 ans avant Jésus-Christ ;

et par le Pape Grégoire XIII., 1682 ans après Jésus-Christ.

Une olympiade est un espace de 4 ans. Les grecs se servaient de cette manière de compter, parce qu'ils célébraient tous les 4 ans leurs jeux & fêtes, près de la ville d'Olympie.

Une époque, est aussi une manière de compter, qui ne désigne pas la même durée. Elle marque le temps depuis un événement remarquable. Jusqu'à un autre temps, comme : depuis la *création du monde*, *jusqu'au déluge*. Elle désigne aussi l'événement même, comme : la *naissance de Notre-Seigneur*, *la destruction du Temple*, *de la ville de Jérusalem*, &c.

Un *lustre*, est l'espace de 5 ans, une *indiction*, est une espace de 15 ans qui revient à chaque seizième année. Elle a commencé 5 ans avant l'ère vulgaire, & un *jubilé*, est une solemnité tous les siècles, demi siècle, ou quart de siècle.

PRINCIPES DE LECTURE

D'ORTHOGRAPHE ET DE PRONONCIATION FRANÇAISE.

TROISIEME PARTIE.

INSTRUCTION

Pour les Personnes qui enseigent à lire.

CETTE troisième Partie des *Vrais Principes de la lecture*, contient : 1.º Un abrégé de l'histoire sainte , qui est l'histoire de notre religion , qu'il n'est par conséquent pas permis d'ignorer , & qu'il faut faire servir de fondement à l'instruction de la jeunesse. L'histoire sainte nous a paru d'autant plus propre à ce dessein , qu'elle joint l'agréable à l'utile ; qu'elle est capable d'amuser les enfans par le merveilleux qu'elle contient ; & de les instruire par les réflexions qui en naissent naturellement & que les maîtres ne doivent pas manquer de leur expliquer avec foi & humilité. Ils apprendront ainsi tout ce qu'il faut savoir pour être honnête homme & bon chrétien.

2°. L'histoire de France qui est la plus indispensable à connaître après celle de notre religion. C'est plutôt le tableau des rois de France par ordre de succession que nous donnons dans cet ouvrage élémentaire. Les maîtres pourrons y ajouter quelques développemens pour préparer leurs élèves à une étude plus étendue de l'histoire de notre pays , qu'ils pourront faire plus tard dans une foule de bons abrégés qui ne laissent que l'embarras du choix.

3.° Une petite encyclopédie des arts & métiers qui donnera aux enfans , sur les principales sciences, des notions simples et abrégées , mais nécessaires à quiconque ne veut pas être pris au dépourvu , et convaincu d'ignorance dans les matières les plus communes.

4.° Quelques fables & pièces de vers , avec une instruction sur la manière de les lire ou réciter, qui terminent & complètent le travail que nous avons prépare pour l'instruction des enfans. L'Ouvrage mérite ainsi l'approbation des Maîtres; les enfans en retireront le plus grand fruit , & sentiront tout le prix que nous avons cherché à mettre dans ce travail.

H 3

ABRÉGÉ DE L'HISTOIRE SAINTE.

L'histoire sainte est l'histoire de ce que Dieu a daigné faire en faveur du monde & des hommes ; elle commence à la création du monde même, et finit avec la vie de Jésus-Christ.

Dieu voulant tirer du néant le monde & tout ce qu'il renferme, employa, dit l'écriture sainte, six jours pour terminer ce grand ouvrage. Au premier, après la création du ciel & de la terre, il commanda que la lumière fut faite ; au second jour il fit le firmament auquel il donna le nom de Ciel ; au troisième, il sépara la terre sèche d'avec les eaux qui y étaient mêlées, qu'il rassembla toutes, & auxquelles il donna le nom de mer ; commanda ensuite que la terre produisît toutes sortes de plantes ; au quatrième jour, Dieu fit le soleil, la lune & les étoiles, au cinquième, il créa les poissons pour habiter les eaux, & les oiseaux pour multiplier dans les airs ; enfin, au sixième jours ; il voulut que la terre se couvrit d'animaux vivans, &, pour couronner ses œuvres, il créa l'homme qui, seul de toutes les créatures , sait-connaître & aimer celui qui lui a donné l'existence. Dieu cessa d'agir le septième jour , & c'est pour cette raison qu'il l'a consacré au repos.

Le premier homme eût le nom d'Adam. Dieu lui donna une compagne qui fut appelée Eve , & ils furent placés dans un jardin délicieux, nommé Eden ou paradis terrestre où ils jouissaient d'un bonheur sans mélange. Ils avaient la liberté de manger toutes sortes de fruits , hors de ceux de l'arbre de la science du bien & du mal , que Dieu leur avait défendu. Malheureusement, Eve , trompée par un esprit infernal qui lui apparut sous la figure d'un serpent , mangea de ce fruit & en fit manger à son mari. Dieu alors chassa du paradis terrestre l'homme & la femme, qui furent réduits à une condition malheureuse, & se virent obligés de travailler pour se procurer leur subsistance journalière. Ce ne fut qu'après leur chute qu'ils eurent des enfans , qui furent Caïn & Abel. Caïn tua son frère par envie de sa vertu ; les descendans de ce méchant lui ressemblèrent. Adam eut un autre fils nommé Seth , dont les enfans conservèrent la crainte de Dieu, mais ils s'allièrent avec les hommes coupables & finirent par leur ressembler.

Dieu résolut alors de détruire cette race perverse, mais Noé, descendu de Seth, trouva grâce devant lui ; il l'avertit de son dessein et lui ordonna de construire une arche, c'est-à-dire, un vaisseau assez grand pour contenir sa famille, une couple de chaque espèce de bêtes & d'oiseaux. Quand y fut entré, Dieu fit tomber pendant quarante jours et quarante nuits, une pluie épouvantable, accompagnée du débordement de la mer, en sorte que toute la terre fut couverte d'eau, et que les hommes et les animaux périrent dans ce déluge universel. Huit personnes seulement furent sauvées, Noé, sa femme, ses trois fils et leurs épouses, ce furent elles qui repeuplèrent le monde. Mais le châtiment que Dieu infligea par le déluge à la terre, ne fit pas impression sur les nouveaux hommes dont il la repeupla, ils oublièrent au contraire, bien vîte ce châtiment terrible : ils oublièrent de même le Dieu qui l'avait envoyé, et s'abandonnèrent à toutes sortes d'impiétés en adorant les astres ou quelques divinités ridicules, ouvrages de leurs mains.

La vraie religion ne fut cependant pas entièrement perdue, elle se conserva chez quelques saints personnages, principalement dans la race de Sem, l'un des trois fils de Noé. Un d'entr'eux fut Abraham que Dieu choisit pour faire alliance avec lui; il lui commanda de quitter son pays, et lui promit de le rendre père d'un peuple innombrable, qui posséderait la terre de Chanaan. Il lui ordonna aussi la circoncision pour marque de son alliance, et lui donna un fils nommé Isaac, qu'il lui commanda de sacrifier pour éprouver sa foi, mais il l'arrêta comme il était prêt à l'égorger sur l'autel.

Isaac eut pour fils Jacob et Esaü. Jacob, à son tour eut douze fils, qui furent les douze patriarches, pères des douze tribus, d'Israël.

Joseph, l'un des fils de ce patriarche, fut vendu par ses frères, et conduit en Egypte, où il resta long-temps en esclavage. Mais Dieu, qui relève l'opprimé, et qui récompense celui qui est vertueux, jeta un regard sur lui, et le tira des chaînes de l'esclavage pour en faire le principal ministre de Pharaon, roi d'Egypte.

Joseph devenu puissant, ne se vengea

pas de ses frères : car, la famine les ayant fait sortir de la terre de Chanaan pour venir acheter du blé en Egypte, Joseph les accueillit avec bonté, se fit connaître à eux, et leur ordonna d'amener Jacob en Egypte ; il combla alors de biens toute sa famille.

Jacob & ses fils moururent en Egypte, & leurs descendans multiplièrent si prodigieusement, qu'un autre roi d'Egypte, craignant qu'ils ne se rendissent trop puissans, les chargea de travaux pénibles, & voulut même faire périr tous les enfans mâles ; mais Dieu eut pitié de son peuple, & envoya, pour le délivrer, Moïse, descendu de Lévi, avec son frère Aaron.

Dieu lui-même daigna l'en instruire, & lui apparut dans un buisson ardent sur la montagne d'Horeb. Moïse quitta aussitôt son désert & se rendit en Egypte, où il parut devant Pharaon, pour lui ordonner, de la part de Dieu, de rendre la liberté aux hébreux, c'est le nom que l'on donne aux descendans de Jacob.

Pharaon ne se soumit pas à l'ordre de Dieu, il prit au contraire plaisir à charger de nouveaux travaux, le peuple infortuné qu'il opprimait. Moïse opéra en vain plufieurs prodiges , ils ne purent toucher le cœur de ce prince ; le libérateur eût alors recours aux vengeances du Très-Haut , & affligea l'Egypte des maux horribles, que l'on appelle les *plaies d'Egypte* ; enfin , le roi fe vit contraint de permettre aux hébreux de fe retirer.

Ce fut dans cette grande circonftance que les hébreux inftituèrent la Pâque. Dieu leur ordonna de célébrer une fête avant leur fortie d'Egypte , & de manger dans chaque famille un agneau rôti ; après avoir marqué de fon fang la porte de chaque maifon. *Pâque* fignifie *paſſage* Il leur fut également ordonné de faire un pareil sacrifice & un pareil repas tous les ans , en mémoire de leur délivrance. Mais Pharaon fe repentit bientôt de la liberté qu'il avait donnée aux hébreux ; à peine les vit-il partis , qu'il fongea à les faire rentrer fous le joug ; il les pourfuivit avec une armée confidérable ; mais , dans cette occafion, Dieu donna une preuve éclatante de fa bonté envers les defcendans de fon ferviteur Jacob ; il ouvrit les flots de la mer rouge , & leur fit un paſſage à travers cette mer. Les Egyptiens continuant de les pourfuivre, fe virent tout-à-coup engloutis au milieu des eaux qui retombèrent sur eux. Les hébreux furent, par ce miracle, délivrés de leurs ennemis; & sans reconnaître ce grand bienfait, dès qu'ils se virent dans le désert, & qu'ils eurent senti la faim & la soif, ils murmurèrent contre Moïse, leur conducteur. Dieu cependant ne les abandonna pas, il fit pleuvoir la manne qui les nourrit pendant quarante ans, & fit couler une eau pure du sein des rochers arides.

Ce fut le cinquième jour après la Pâque, que Dieu donna les tables de la loi à son peuple, ils étaient alors au pied du mont Sinaï. Les éclairs & les tonnerres annoncèrent sur le sommet de cette montagne la présence de Dieu : Moïse seul s'y rendit, & revint bientôt avec les tables de pierre, sur lesquelles étaient écrits les commandemens de Dieu, que voici : ces commandemens sont au nombre de dix :

1°. Je suis le seigneur ton Dieu, qui t'ai tiré de l'Egypte : tu n'adoreras point d'autres dieux devant moi; tu ne te feras point d'idole, aucune figure pour l'adorer ; 2.° Tu ne prendras point le nom du Seigneur en vain ; 3.° Souviens-toi de sanctifier le jour du sabat, c'est-à-dire, le repos du septième jour ; 4.° Honore ton père & ta mère, afin que tu vives long-temps dans la terre promise ; 5.° Tu ne tueras point ; 6.° Tu ne commettras point d'adultère ; 7.° Tu ne déroberas point ; 8.° Tu ne diras point de faux témoignages contre ton prochain ; 9.° Tu ne désireras point la femme de ton prochain ; 10.° Tu ne désireras point le bien de ton prochain.

Dieu ordonna qu'on plaçât les tables de la loi dans l'arche d'alliance, qui était un coffre de bois précieux revêtu d'or. Cette arche fut gardée dans un tabernacle, c'est-à-dire, une tente formée de riches étoffes, & devant il y avait un autel où l'on faisait les sacrifices en égorgeant des bœufs, des moutons, que l'on faisait ensuite brûler sur l'autel : c'était la manière d'honorer Dieu dans ce temps-là. Aaron & les enfans furent consacrés prêtres pour offrir ces sacrifices, & tout le reste de la tribu de Lévi fut destiné au service du tabernacle.

Dieu conduisait les hébreux dans la terre de Chanaan, qu'il leur avait promise, & qu'avait habitée Abraham, leur père ; mais pour punition de leurs fautes, ils n'y parvinrent qu'après avoir séjourné quarante ans dans le désert.

Moïse, après avoir été le libérateur des hébreux, en fut aussi le législateur ; il leur donna des lois pour régler leurs intérêts, leur morale & leur culte, mais ce peuple ne fut pas fidèle aux lois qu'il avait reçues ? Il les oublia souvent, au contraire ; & Dieu fut toujours obligé de le châtier sévèrement pour le remettre dans le sentier de la justice.

Voici quel fut le gouvernement des hébreux établis dans la terre de Chanaan : les hébreux que l'on nomma aussi *israélites*, eurent des juges choisis parmi leurs plus sages vieillards, pour les gouverner ; ce gouvernement, qui rappelait l'autorité paternelle des anciens patriarches, subsista long-temps ; mais à la fin, ils s'en lassèrent & voulurent avoir des rois, dont le premier fut Saül de la tribu de Benjamin. Le prophète Samuël le reconnut pour celui que Dieu avait choisi pour régner sur son peuple ; mais Saül se rendit bientôt indigne de cette prédilection : Dieu qui l'avait élevé, le renversa, il eut pour successeur David, fils d'Isaï, de la tribu de Juda, Samuël, toujours par l'ordre du ciel, l'alla chercher pendant qu'il faisait paître son troupeau, et lui versa de l'huile sur la tête en signe de consécration. D'avid n'avait guère alors que quinze ans , Samuël l'introduisit à la cour de Saül , pour jouer de la harpe devant ce prince , qui était tourmenté d'une sombre mélancolie. Saül le prit d'abord en amitié ; mais il lui montra ensuite une jalousie cruelle , à cause des belles actions qu'il lui vit faire ; il le persécuta avec tant d'acharnement , qu'il le forçât à se réfugier chez ses ennemis ; mais après la mort de ce roi injuste , qui fut tué dans un combat , David le remplaça sur le trône.

Ce prince ne fut d'abord reconnu roi que par la tribu de Juda ; mais le succès de ses armes lui soumit bientôt les autres tribus. Jérusalem n'avait point encore subi le joug des hébreux ; elle appartenait toujours aux jébuséens , descendans des chananéens : David marcha contre elle , l'assiégea , la prit , en chassa les habitans & y établit son séjour : depuis lors cette ville fut la plus grande , la plus riche et la plus célèbre de la Judée. On y transporta en grande pompe l'arche d'alliance , & David forma le projet d'élever un temple magnifique ; mais il ne put que rassembler les matériaux ; c'était à Salomon qu'était réservé

la gloire d'élever ce monument sacré.
David remporta plusieurs victoires sur les
philistins, anciens ennemis des hébreux,
sur les moabites, sur Adad, roi de Syrie ;
il subjugua les iduméens, & éleva sa nation à un point de gloire où elle ne s'était
point encore vue. Quelques fautes terni-
rent l'éclat d'une si grande gloire, & Dieu
permit que la fin de son règne fut trou-
blée par des diffentions domestiques : son
fils Abfalon ofa s'élever contre lui, & tenta
de le renverfer de son trône ; mais Dieu
ne l'abandonna point & le fit triompher
de tous ses ennemis.

Salomon, l'un de ses fils, lui succéda.
Ce prince fut le plus grand & le plus heureux des rois des juifs, ce fut lui qui bâtit
le magnifique temple de Jérufalem, où
tous les Israélites devaient venir offrir des
sacrifices ; son règne fut long & paiffible,
il commandait à plusieurs nations étran-
géres, outre le peuple de Dieu : il avait
des richeffes immenfes, une prodigieufe
quantité d'or & d'argent, & jouiffait de
tous les plaisirs de la vie. Mais ce qui était
bien préférable à tous les plaifirs et à tous
les tréfors, c'était la sageffe que Dieu lui
avait donnée, et qui le mettait au-deffus

de tous les hommes. Malheureusement il profita mal de ce don précieux ; il s'égara dans sa vieillesse, et Dieu le punit dans sa postérité. Après sa mort, les israélites se divisèrent, et il n'y eut que les tribus de Juda et de Benjamin qui obéirent à Roboam, fils de Salomon ; les dix autres élurent pour leur roi, Jéroboam, de la tribu d'Ephraïm. Mais la religion souffrit de cette division, car Jéroboam craignant que les israélites ne retournassent à l'obéissance de leur roi légitime, s'ils continuaient d'aller faire leurs prières et leurs sacrifices à Jérusalem, leur donna un autre culte et les ramena à l'adoration des idoles. Tous les rois qui lui succédèrent entretinrent cette fausse et détestable religion ; le vrai culte ne fut conservé que dans Jérusalem.

Le royaume des dix tribus, se nomma le royaume *d'Israël* ; le royaume fidèle aux descendans de David fut appelé le royaume de *Juda*, et de là on nomma le pays *Judée*, et les habitans *juifs*.

Dieu abandonna les israélites à eux-mêmes ; sa bonté paternelle chercha à les faire rentrer dans le sentier de la justice et de la vérité : il leur envoya des prophètes pour les avertir de leurs fautes et les rappeler à lui. Il en envoya également aux rois de Juda, qui souvent auſſi s'écartèrent de la route que le légiſlateur leur avait tracée.

Les prophètes étaient des hommes remplis de l'eſprit de Dieu et qui prédiſaient l'avenir.

Les rois d'Iſraël et de Juda ne profitèrent pas des avertiſſemens de ces hommes favoriſés du Ciel ; ils perſécutèrent au contraire les prophètes, et ſemblèrent ne rien oublier pour provoquer les vengeances céleſtes. Auſſi Dieu accomplit-il ſes menaces : le royaume d'Iſraël fut détruit, et les dix tribus furent diſperſées en des pays éloignés d'où elles ne revinrent jamais. Ensuite Nabuchodonoſor, roi de Babylone, ruina Jéruſalem, brûla le temple, et emmena le peuple en captivité.

Babylone était alors la ville la plus puiſſante du monde ; mais elle était pleine d'idolâtrie, de ſuperſtition, de débauches et de toutes ſortes de vices. Les juifs cependant y gardèrent leur religion, et y obſervèrent la loi de Moïſe.

Les juifs furent tirés de la captivité de Babylone par Cyrus, roi de Perſe, qui ayant vaincu et ſoumis les babyloniens, remit les juifs en liberté , leur permit de retourner dans leur pays , de rebâtir le temple et la ville de Jérusalem.

La captivité de Babylone corrigea les juifs , ils furent beaucoup plus fidèles aux lois de Moïse , et n'oublièrent plus le vrai Dieu pour de vaines idoles ; ils vécurent long-temps sous les rois de Perse , en paix et avec liberté entière pour l'exercice de leur religion. Ce fut alors qu'ils commencèrent à faire connaître cette religion aux peuples voisins , et quelques-uns de ces peuples adoptèrent la croyance du vrai Dieu et les lois de Moïse , mais les conquêtes d'Alexandre , roi de Macédoine , en renversant le vaste empire des perses , donna de nouveaux maîtres aux juifs. Ce conquérant étant mort , ses conquêtes furent partagées entre ses généraux ; delà vinrent les Ptolomées , rois d'Egypte , dont la capitale était Alexandrie , et les Séleucides , roi de Syrie , qui résidèrent à Antioche. Les juifs souffrirent assez souvent de leurs divisions et de leurs guerres.

L'un d'eux , Anthiochus , surnommé l'illustre , s'attacha principalement à persécuter les juifs. Il voulut les forcer à se conformer aux moeurs et aux superstitions des grecs , à renoncer à leurs lois et à leur religion. Il furprit Jérufalem , profana le temple , fit ceffer les facrifices , et ordonna le fupplice d'un grand nombre de Juifs qui aimèrent mieux perdre la vie que de violer la loi de Dieu.

Ce fut à cette époque défaftreufe que parurent Judas-Machabée et fes frères, qui touchés d'une généreufe compaffion pour leurs malheureux compatriotes, prirent les armes et réfolurent de défendre la patrie et la religion. Quelques juifs des plus zélés fe joignirent à eux , et malgré leur petit nombre , le fecours de Dieu les rendit victorieux. Ils reprirent Jérufalem , purifièrent le temple , rétablirent les facrifices et affranchirent entièrement le peuple du joug des autres nations. Simon , l'un de ces illuftres frères , fut reconnu chef du peuple et fouverain pontife ; car ils étaient de la race facerdotale , defcendans d'Aaron. Les defcendans de Simon prirent le titre de rois , mais leur puiffance ne fut pas de longue durée. Elle fut renverfée par les Romains ; déjà maîtres d'une grande partie du monde connu , ils conquirent l'orient fous la conduite de Pompée, et ruinèrent en même temps les rois de Syrie et les rois des juifs.

Ce fut à la fuite des troubles occafion-
nés par les conquêtes des romains, qu'Hé-
rode-le-Grand parvint au trône.

. Ce prince artificieux qui n'était point
de race juive, mais iduméen, s'empara
de l'autorité fouveraine, en flattant tour-
à-tour Jules-Céfar, Antoine & Augufte.
Il fuivait la religion juive, ainfi que fai-
faient les iduméens ; mais, au fond,
c'était un homme véritablement impie qui
méprifait tout ce qui ne lui était d'aucune
utilité, & rapportait tout à fon ambition ; fa cruauté fut épouvantable, il fit
périr un grand nombre de juifs, et cou-
ronna ses atrocités par le meurtre de fon
époufe et de plufieurs de fes enfans.

. Ce fut pendant qu'Hérode regnait en
Judée et que Céfar-Augufte était empereur
de Rome, que Jéfus-Chrift vint parmi les
hommes.

Il y avait à cette époque parmi des juifs
une fille d'une grande fainteté, nommée
Marie, qui avait été fiancée à un homme
nommé Jefeph. Tous deux étaient de la
tribu de Juda et de la race de David,
mais ils étaient pauvres, et Jofeph faifait le métier de charpentier.

Ces deux illuftres époux demeuraient à

Nazareth, petite ville de la Galilée, qui est une province du royaume d'Israël. Un ange vint annoncer à Marie qu'elle serait la mère du Christ. Ce fut à Béthléem qu'elle mit au monde ce divin enfant. Elle avait été obligée de se rendre avec son époux dans cette ville de la Judée pour satisfaire à une ordonnance de l'empereur Auguste, qui voulait que chacun fît inscrire son nom dans le lieu de son origine. Ils ne trouvèrent point de place dans l'hôtellerie et furent contraints de se loger dans une étable.

On lui donna le nom de Jésus, qui signifie sauveur, ainsi que l'ange l'avait ordonné, et huit jours après sa naissance il fut circoncis, suivant la coutume des juifs. Quelque temps après, des mages, c'est-à-dire, des hommes savans vinrent de l'orient pour l'adorer, et lui offrirent de l'or, de la myrrhe et de l'encens. Comme ils disaient qu'ils venaient adorer le roi des juifs. Hérode en prit l'alarme, et fit mourir tous les enfans des environs de Bethléem. Mais saint Joseph emmena Jésus en Egypte avec sa mère, et ils y demeurèrent jusqu'à la mort d'Hérode ; puis ils revinrent à Nazareth, où Jésus vécut inconnu jusqu'à l'âge d'environ trente ans , soumis à sa mère & à S. Joseph qui passait pour son père , & travaillant avec lui de son métier de charpentier.

Saint Jean-Baptiste vivait alors dans le désert , prêchait ceux qui venaient à lui , & baptisait dans le Jourdain ceux qui profitaient de ces prédications ; c'est-à-dire, qu'il les faisait se baigner et se laver pour la rémission de leurs fautes , comme les juifs avaient coutume de se laver pour se purifier suivant la loi. Delà lui vint le nom de Baptiste. Il annonça que Jésus-Christ était le Messie , & le baptisa.

Après le baptême , Jésus alla dans le désert où il jeûna quarante jours , & fut tenté du démon. Il revint ensuite en Galilée & demeura près du lac de Génésareth. Là il appela pour le suivre quatre pécheurs : André & Simon son frère , & deux autres frères , Jacques & Jean , enfans de Zébédée ; il en appela d'autres ensuite. Bientôt il eut un grand nombre de disciples , c'est-à-dire , de gens attachés à l'écouter et à s'instruire soigneusement de sa doctrine. Il en choisit douze qu'il nomma *apôtres* , c'est-à-dire, *envoyés*, parce qu'il les envoya prêcher sa doctrine , & fit connaître sa mission divine, par des miracles nombreux.

Ses succès lui attirèrent des ennemis, les pharisiens furent les plus ardens à le persécuter, parce qu'il reprit hautement leurs vices & leur hypocrisie. Les sacrificateurs & les sénateurs lui montrèrent autant de haine & songèrent à le faire périr.

Ce fut au temps de Pâques que les ennemis de Jésus résolurent de le perdre & de le faire mourir.

Le jeudi Jésus-Christ alla faire la cène avec ses disciples, c'est-à-dire, souper avec eux. Comme ils mangeaient, il prit du pain, le bénit, le rompit, & le leur distribua, en disant : prenez et mangez, ceci est mon corps : Puis il prit du vin de la coupe, le bénit de même et le leur donna en disant : buvez-en tous, ceci est mon sang qui sera répandu pour vous. En sortant de ce lieu, il se rendit au mont des olives, en un jardin où il avait coutume de prier. C'était le moment qu'un des apôtres, Judas Iscariote, avait choisi pour exécuter la trahison qu'il avait conçue ; il parut avec une troupe de gens armés qui prirent Jésus et le menèrent chez Caïphe le souverain sacrificateur, où il fut condamné à mort sur de faux témoignages.

gnages. De chez Caïphe, on le mena chez Ponce Pilate qui gouvernait la Judée pour les romains. Pilate le trouvant innocent voulait le délivrer ; il se contenta de le faire fouetter et couronner d'épines , en dérision de ce qu'il se disait roi des juifs : mais ceux ci demandèrent sa mort à grands cris , et le faible gouverneur le leur abandonna.

On conduisit Jésus , chargé d'une croix pesante , en un lieu nommé Golgota ou Calvaire. Là , l'homme Dieu fut crucifié entre deux voleurs. La croix était alors le plus infâme supplice qui fût en usage ; ou n'y condamnait que des esclaves et d'autres misérables , et encore pour les plus grands crimes. Cet événement funeste , qui fit pâlir le soleil , trembler la terre et sortir les morts de leurs tombeaux , eut lieu le vendredi.

Jésus ne resta pas sur la croix ; Nicodème et Joseph d'Arimathie obtinrent la permission de donner la sépulture à son corps , ils l'embaumèrent suivant la coutume des juifs , et le mirent dans un sépulcre neuf, que Joseph avait fait faire et qui se trouvait près du Calvaire. Jésus sortit de ce tombeau vivant et glorieux trois jours après sa mort.

I

Il appatru plusieurs fois à ses disciples pendant quarante jours , et leur ordonna d'aller prêcher l'Evangile à toutes les nations.
Le cinquantième jour après la pâque , il
envoya le Saint-Esprit à ses disciples. Alors
ils se répandirent de côté et d'autre pour
remplir la mission dont ils étaient chargés.

Les juifs ne se soutinrent pas encore long-
temps après la publication de l'Evangile : ce peuple inquiet ne savait être ni
libre ni esclave ; il se révolta plusieurs
fois pour secouer le joug des romains Il
y eut une guerre très-cruelle : Jérusalem
fut assiégée ; la famine y devint si grande
qu'il y eut des mères qui mangèrent leurs
propres enfans. La ville fut prise & ruinée
par Titus , fils de l'Empereur Vespasien ;
& le temple livré aux flammes disparut de
dessus la terre. Ainsi Dieu punit cette ville
tant de fois ingrate & qui avait fait périr
presque tous les prophètes qui lui avaient
été envoyés.

ARREGÉ CHRONOLOGIQUE
DE L'HISTOIRE DE FRANCE.

On croit que les français sortirent originairement d'un pays au delà du Rhin, appelé *Franconie*, d'où ils tirèrent le nom de *Francs*. Leur histoire commence vers l'an 420, Théodose étant empereur d'orient, et Honorius d'occident. On la fait commencer à cette époque, parce que ce fut vers ce temps-là que le gouvernement des français, prit une forme plus régulière et plus stable.

Il y a eu 71 Rois depuis Pharamond, jusqu'à Charles X, divisés en trois races : 22 sous la première, dite des Mérovingiens ; 13 sous la seconde, dite des Carlovingiens, et 36 sous la troisieme, dite des Capétiens.

Pharamond I. roi de France régna 8 ans, V siècle. 420.

Clodion, dit *le Chevelu*, II. roi de France, régna 20 ans, V. siècle. 428.

Mérouée, fils de *Clodion*, III. roi de France, régna 10 ans, V. siècle. 448.

Childéric I, IV. roi de France, régna 23 ans, V. siècle. 458.

Clovis I, dit *le Grand*, V. roi de France, et premier roi chrétien, régna 30 ans, V. siècle. 481.

Partage du royaume entre les fils de Clovis.

Childebert I, VI. roi de France, régna 47 ans, VI. siècle. 511.

Clotaire I, VII. roi de France, régna 50 ans, VI. siècle. 560.

Partage entre les fils de Clotaire I.

Chérébert, VIII. roi de France, régna 9 ans, VI. siècle. 562.

Chilpéric I, IX. roi de France, régna 23 ans, VI. siècle. 571.

Clotaire II, fils de Chilpéric I, X. roi de France. régna 44 ans, VI. siècle. 584.

Dagobert I, XI. roi de France, régna 10 ans, VII. siècle. 628.

Clovis II, XII. roi de France, régna 17 ans, VII. siècle. 638.

Clotaire III, XIII. roi de France, régna 14 ans, VII. siècle. 656.

Childéric II, fils de Clovis second, XIV. roi de France, régna 2 ans, VII. siècle. 671.

Thierry I, fils de Clovis II, XV. roi de France, régna 18 ans, VII. siècle. 673. *Déposé, puis rétabli.*

Clovis III, XVI. roi de France, régna 5 ans, VII. siècle. 691. *Roi fainéant.*

Childebert II, dit *le Juste*, XVII. roi de France, régna, 11 ans, VII. siècle. 695. *Roi fainéant.*

Dagobert II, XVIII. roi de France, régna 4 ans, VIII. siècle, 711. *Roi fainéant.*

Clotaire IV , XIX. roi de France, régna 17 mois.
VIII. siècle. 715. *Fantôme de roi depuis* 717 *jusqu'en*
719.

Chilpéric II , XX. roi de France, régna 4 ans ,
VIII. siècle. 716. *Déposé en* 717 , *puis rétabli en*
719. *Interrègne de deux ans.*

Théodoric ou *Thierry II* , XXI. roi de France,
régna 17 ans, VIII, siècle. 720.

Childéric III , dit *l'Insensé*, XXII. roi de France
et le dernier de la première race , régna 10 ans,
VIII. siècle. 742.

    Ici commence la II.e race.

Pépin , dit *le Bref* , fils de Charles Martel ,
XXIII. roi de France , régna 16 ans , VIII. siècle.
752.

Charles I.er , dit *le Grand* , ou *Charlemagne*, fils
de Pépin , XXIV. roi de France , et Emp. d'Occident , régna 46 ans , VIII. siècle. 768.

Louis I er , furnommé *le Débonnaire*, Empereur,
XXV. roi de France, régna 26 ans, IX. siècle. 814.

Charles II , dit le *Chauve* , Empereur , XXVI.
roi de France , régna 37 ans , IX. siècle. 840.

Louis II , dit le *Bègue*, Empereur. XXVII. roi
de France , régna 2 ans , IX. siècle 877.

Louis III et *Carloman* , XXVIII et XIX. rois de
France , régnèrent 5 ans , IX. siècle. 879.

Charles III , dit le *Gros* , Empereur , XXX.
roi de France , régna 2 ans , IX siècle. 885.

Eudes ou *Odon* XXXI. Roi de France , régna
10 ans , IX. siècle. 887.

Charles IV, dit le *Simple* , fils de Louis-le-Bègue.
XXXII. roi de France , régna 31 ans , IX. siècle.
898.

Robert usurpe en 922.

Raoul , duc de *Bourgogne* , XXXIII. roi de
France , régna 13 ans , X. siècle. 923.

Louis IV , dit *d'Outremer* , fils de Charles-le-
simple, XXXIV. roi de France , régna 18 ans , X.
siècle. 936.

Lothaire. XXXV. roi de France , régna 32 ans ,
X. siècle. 954.

Louis V , dit le *Fainéant* , XXXVI. Roi de France,
régna 1 an , X. siècle. 986.

Ici commence la III.e race.

Hugues Capet , XXXVII. roi de France , âgé de
45 ans , régna 9 ans , X. siècle. 987.

Robert , *le Pieux* , XXXVIII. roi de France ,
âgé de 24 à 25 ans , régna 35 ans , X. siècle. 996.

Henri premier , XXXIX. roi de France , âgé de
18 ans , régna 29 ans , IX. siècle. 1031.

Philippe premier. XL. Roi de France , régna 48
ans , XI. siècle. 1060.

Louis VI , dit *le Gros* , XLI. roi de France , âgé de 30 ans , régna 29 ans , XII. siècle. 1108.

Louis VII, dit *le Jeune.* XLII. roi de France , âgé de 18 ans , régna 43 ans , XII siècle. 1137.

Philippe-Auguste ou *le Conquérant* , XLIII. roi de France , âgé de 15 ans , régna 43 ans , XII. siècle. 1180.

Louis VIII , surnommé *Cœur-de-Lion* , XLIV. roi de France, âgé de 36 ans , régna 3 ans , XIII. siècle. 1223.

Saint Louis , 9e du nom , XLV. roi de France , âgé de 11 ans , régna 44 ans , XIII. siècle. 1226.

Philippe le-Hardi , 3.e du nom , XLVI. roi de France , âgé de 25 à 26 ans , régna 15 ans , XIII. siècle. 1270.

Philippe-le-Bel , 4e. du nom , XLVII. roi de France, âgé de 17 ans , régna 29 ans , XIII. siècle. 1285.

Louis Hutin, dixième du nom , XLVIII. roi de France, âgé de 25 ans , régna 2 ans , XIV. siècle. 1314.   *Interrègne de 5 mois.*

Philippe le-Long , cinquième du nom , XLIX. roi de France , âgé de 23 ans , régna 5 ans , XIV. siècle. 1319.

Charles-Le Bel, quatrième du nom , L. roi de France, âgé de 26 ans , régna 6 ans , XIV. siècle. 1322.

Branches des Valois.

Philippe de Valois, sixième du nom, LI. roi de France, âgé de 36 ans, régna 22 ans, XIV. siècle. 1318.

Jean le-Bon, fils de Philippe de Valois, LII. roi de France, âgé de 3o ans, régna 14 ans, XIV. siècle. 135o.

Charles V, dit *le Sage*, LIII. roi de France, âgé de 26 ans, régna 16 ans, XIV. siècle. 1364.

Charles VI, LIV. roi de France, âgé de 12 ans, régna 42 ans, XIV. siècle. 138o.

Charles VII, dit *le Victorieux*, LV. roi de France, âgé de 26 ans, régna 3o ans, XV. siècle. 1422.

Louis XI. LVI roi de France, âgé de 39 ans, régna 22 ans, XV. siècle. 1461.

Charles VIII, dit *l Affable*, LVII. roi de France, âgé de 13 ans, régna 15 ans, XV. siècle. 1483.

Louis XII, surnommé *le Père du Peuple.* LVIII. roi de France, âgé de 36 ans, régna 17 ans, XV. siècle. 1498

François I, surnommé le Père des Lettres, LIX. Roi de France, âgé de 21 ans, régna 32 ans, XVI siècle. 1515.

Henri II, fils de François premier, LX. roi de France, âgé de 29 ans, régna 12 ans, XVI. siècle. 1547.

François II, fils de Henri II, LXI. roi de France, âgé de 16 ans, régna 17 mois, LVI. siècle, 1559.

Charles IX, second fils de Henri II, LXII. roi de France, âgé de 10 ans, régna 14 ans, XVI. siècle. 1560.

Henri III, troisième fils de Henri II, LXIII. roi de France, âgé de 23 ans, régna 15 ans, XVI. siècle. 1574.

Branche des Bourbons.

Henri IV, dit *le Grand*, LXIV roi de France, âgé de 36 ans, régna 21 ans, XVI. siècle. 1589.

Louis XIII, dit *le Juste*, fils de Henri IV, LXV. roi de France, âgé de 9 ans, régna 33 ans, XVII. siècle. 1610.

Louis XIV, dit *le Grand*, LXVI. roi de France, âgé de 5 ans, régna 72 ans, XVII. siècle. 1643.

Louis XV, LXVII. roi de France, âgé de 5 ans, régna 59 ans, XVIII. 1715.

Louis XVI, LXVIII. roi de France, âgé de 20 ans, régna 19 ans, XVIII. siècle. 1774.

Louis XVII, LXIX. roi de France, âgé de 10 ans, régna environ deux ans, XVIII. siècle. 1793.

Louis XVIII, dit *le Désiré*, LXX. roi de France, âgé de 40 ans, régna 20 ans, XVIII. siècle. 1795.

Charles X, dit *le Bien aimé*, LXXI. roi de France, âgé de 67 ans, XIX. siècle, règne depuis 1824.

PETITE
ENCYCLOPÉDIE
DE LA JEUNESSE.

De la Religion.

La religion est un culte que l'on rend au vrai Dieu, Créateur de tout ce qui existe, par le sacrifice du cœur & de l'esprit, & par la pratique des devoirs, et des cérémonies que Dieu lui-même a enseignés & ordonnés aux hommes par ses Prophêtes & par Jésus Christ. Car celui que l'on rend aux idoles n'est pas un vrai culte, mais une superstition & une idolâtrie. Il ne peut y avoir qu'une seule vraie religion pour tous les hommes, qui est la religion chrétienne, enseignée par l'église catholique romaine, dont J C. le fils de Dieu, est l'auteur, puisqu'il n'y a qu'un seul Dieu & une seule vérité.

La vraie religion mise en pratique, donne de la probité à tout le monde, de la justice aux Princes, de la fidélité aux Sujets, de l'intégrité aux Magistrats, de la soumission aux Inférieurs, de la bonne foi dans le Commerce & dans les Contrats, de l'union dans les Mariages, de la paix dans les Familles, enfin de l'équité & de l'humanité envers tous. L'irréligion produit tous les vices contraires à ces vertus.

Des Sciences.

On appelle vulgairement *Science* un Art particulier, par l'application qu'on a eu à approfondir la connaissance d'une matière, de la réduire en règles, & de la perfectionner. Ainsi l'arithmétique est la science des nombres. Mais la science en philosophie, est la connaissance certaine, fondée sur une démonstration ; ainsi la géométrie, la physique, la chymie, &c. seraient seules

I 6

des sciences parce qu'elles ne sont fondées que sur des démonstrations.

Des Arts.

On comprend part les *Arts* tout ce qui se fait par l'adresse, l'industrie & les règles d'invention & d'expérience.

Les arts se divisent en deux classes : *les arts libéraux ou beaux-arts*, qui ont quelque chose de plus distingué & de plus savant, comme la poésie, la musique, la peinture, l'architecture, la sculpture, &c. On nomme *Artiste*, ceux qui les cultivent: & les arts *mécaniques* ceux qui exigent plutôt le travail de la main & du corps que celui de l'esprit, comme l'imprimerie, l'horlogerie, &c.

Des Langues.

Une langue est une suite de sons combinés de manière à exprimer, d'après la convention des hommes les choses & les idées. On distingue les langues en *langues mortes* , ou qu'on ne parle plus , comme *l'hébreu* , *le grec* , & *le latin* : et en *langues vivantes* , ou qu'on parle encore , comme le *français* , *l'anglais* , *l'italien* , &c.

De l'Ecriture.

L'écriture eſt l'art de former avec la plume les caractères de l'alphabet. Les français & les anglais ſont les peuples qui excellent dans cet art. Les juifs & la plupart des orientaux écrivent de droite à gauche. Les chinois écrivent de haut en bas , au lieu que partout ailleurs on écrit , comme nous , de gauche à droite.

De la Sténographie.

La sténographie eſt l'art de fixer les ſons de la voix. Ses moyens conſiſtent , 1.º dans la ſubſtitution des formes les plus ſimples de la nature aux formes compliquées de l'alphabet : 2.º dans la ſuppreſſion des voyelles médiantes des mots : 3.º enſin , dans la réduction en monogrammes des expreſſions de la langue. L'anglais Samuel Taylor , eſt l'auteur de cette méthode , T. P. Bertin l'a adaptée à la langue française. C'eſt par ce procédé que les journaux nous donnent les discours des députés , les plaidoyers des avocats , &c.

De la Pasigraphie.

La Pasigraphie est l'art d'écrire & d'imprimer une langue de manière à être lue & entendue dans toute autre langue sans traduction, comme l'indique l'étymologie du mot pasigraphie composé de deux mots grecs, *Pasi, à tous, et grapho, j'écris*. Son inventeur est M. Demaimieux.

De L'Imprimerie.

L'imprimerie est l'art de tirer une empreinte sur des caractères gravés en relief. Il est naissant en Europe & est en usage dans la Chine depuis l'an 930 ; mais elle diffère en ce que les Chinois ne se servent que de tables de bois gravées & taillées, en sorte qu'ils font autant de planches que de pages qui ne peuvent servir que pour un même livre, au lieu que nous, ayant des lettres mobiles qu'on peut assembler & distribuer, on forme avec un petit nombre de caractères de très-gros volumes & différens ouvrages.

Il y a deux manières d'imprimer, l'une dont nous venons de parler en caractères ou en lettres ; & l'autre en taille douce. La première se fait sur des planches gravées en relief & la derniere fur des planches gravées en creux. Les éditions stéréotypes qui fe font depuis environ vingt-cinq ans, s'impriment fur des caractères immobiles.

De la Poëfie.

La poéfie eft l'art de réduire fous le joug de la mesure ou de la rime, des idées propres à peindre certains objets & à remuer fortement le cœur & l'esprit.

La poéfie fe divife en différens genres, favoir : la *poéfie lyrique*, qui eft celle des *odes* & des *poëmes* faits pour être chantés. La poéfie *dramatique* qui eft celle des tragédies & des comédies. La *poéfie épique* qui fait le récit dès grandes actions des Dieux & des héros. La *poéfie didactique* qui traite point par point d'un art d'une science ou de tout autre sujet qu'on enseigne. La *poéfie burlesque* qui traite des fujets légers d'une manière plaifante. La *poéfie morale*, qui traite des mœurs. Et la *Poéfie facrée*, qui traite des fujets religieux,

Voici un exemple de quatre vers :

On me dit du matin jusqu'au soir ;
Il est bien glorieux , dans l'âge le plus tendre,
D'apprendre & de savoir :
Mais pour savoir il faut apprendre.

De la Musique.

La musique est l'art qui enseigne à faire , avec des sons , des accords agréables à l'oreille , soit avec un instrument , soit avec la voix ; mais la musique vocale est la plus belle , en ce qu'elle ajoute par les paroles , des idées au sentiment de l'harmonie.

De la Danse.

La danse est l'art de faire des pas réglés avec grace & légèreté aux sons des instrumens ou de la voix ; elle a toujours été en usage chez toutes les nations , même dans les cérémonies facrées du peuple d'Israël. Elle apprend auffi à bien marcher, & à fe préfenter d'une manière noble & aisée.

Du Deffin.

Le deffin eft l'art de repréfenter fur une feuille de papier , la figure ou la forme d'un corps quelconque , comme une *maifon* , un *arbre* , ou même une *perfonne*.

De la Peinture.

La peinture eft l'art de repréfenter les objets par le deffin & les couleurs. Pour peindre , on fe fert de petits pinceaux & de broffes. Les anciens appliquoient les couleurs avec des éponges ajoutées à un manche. Les principaux genres de peinture font : la peinture à l'huile , la fresque , la détrempe, la gouache, la miniature , le pastel fur le verre , fur l'émail & fur la porcelaine.

De la Sculpture.

La sculpture est l'art de tailler, avec le ciseau, le marbre, la pierre, le bois, &c. pour en faire diverses représentations. On sculpte en creux, en relief, & en bas-relief. L'antiquité de cet art est prouvée, par le veau d'or des Israëlites, & principalement par les statues qui nous viennent des grecs & des romains.

De l'Architecture.

L'architecture est l'art de bâtir ! Il y en a trois sortes : *l'architecture civile*, qui consiste à bâtir les maisons, les palais, les temples, &c. Elle se divise en cinq ordres, représentés dans cette figure ; savoir, *le toscan, le dorique, l'ionique, le corin-*

thien, *et compofite*, on y ajoute *le gothique* dont on s'eft fervi pour la conftruction des vieilles églifes. L'*Architecture militaire* qui eft l'art de bien fortifier une place ; & l'*Architecture navale* qui eft l'art de conftruire des vaiffeaux pour la guerre ou pour le commerce.

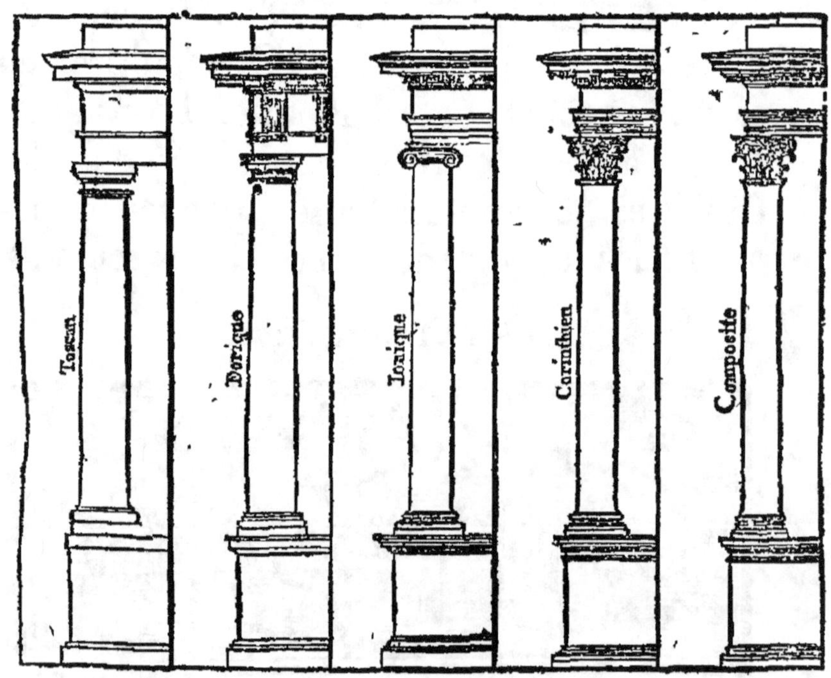

De la Lithographie.

La lithographie eft l'art de deffiner fur une efpèce de pierre , avec un mordant. On imprime ce deffin fur du papier comme on imprime les gravures fur cuivre. Cet art n'eft connu que depuis environ vingt ans.

De la Gravure.

La gravure eſt l'art de tailler, d'inciſer les métaux, la pierre, le bois, &c. avec des burins, eaux fortes, ciſeaux & autres inſtrumens, de manière que certains caractères ou images y demeurent tracés & figurés.

La gravure ſur planche de cuivre qu'on appelle taille-douce fut trouvée par Maso Finiguerra, orfévre de Florence.

Des Mathématiques.

Les mathématiques ſont une science qui fait connaître les quantités & les proportions d'une manière quelconque. Elles ſe divisent en pluſieurs parties, qui ſont autant de ſciences, telles que l'*Arithméti-que*, dont nous avons donné un abrégé, *la geométrie*, *l'astronomie*, *l'optique*, *l'al-gèbre*, *la gnomonique*, *la mécanique*, *la ſtatique*, *& l'hydroſtatique*, &c.

De la Géométrie.

La géométrie est une science qui enseigne à mesurer la matière dans toutes ses dimensions. Ce mot signifie *l'art de mésurer la terre.* On divise la géométrie en trois parties principales ; savoir : la *planimétrie*, qui est la science de mesurer les surfaces ; la *longimétrie* qui est celle de mesurer les longueurs , & la *stéréométrie* qui est l'art de mesurer les solides.

De l'Optique.

L'optique explique pourquoi les objets nous paraissent plus grands ou plus petits , distincts ou confus , proches ou éloignés. Elle apprend pourquoi les uns voient de loin , & les autres de près.

De la Mécanique.

La mécanique est une science qui fait partie des mathématiques , & qui enseigne la nature des forces mouvantes ; l'art de faire toutes sortes de machines , & d'enlever toutes sortes de poids par le moyen des Léviers , coins , poulies , moufles , crics , &c.

De la Cosmographie.

La cosmographie eſt la deſcription de l'univers. Ce mot, compoſé de deux mots grecs, ſignifie en effet *Deſcription du monde*, elle nous enſeigne ſa conſtruction, ſa figure, &c. La cosmographie ſe diviſe en deux parties ; ſavoir : *l'aſtronomie*, qui fait connaître le ciel, les aſtres, &c. page 151, et la *géographie*, qui nous fait connaître la terre et ſes diviſions, pag. 159.

De l'Agriculture.

L'agriculture eſt l'art de cultiver la terre pour lui faire produire les fruits qui nourriſſent les hommes C'eſt la ſcience de gouverner les biens de la campagne. L'agriculture eſt l'art le plus utile à la ſociété ; c'eſt elle qui nous nourrit, qui fournit des arbres pour la conſtruction des maiſons, des vaiſſeaux, &c. Elle eſt la ſource des véritables biens qui ſuffiſent à la néceſſité, & forment le principal revenu de l'état.

Du Commerce.

Le commerce est l'art d'acheter, de vendre ou d'échanger des marchandises, &c.,

avec bénéfice. Il est presque aussi ancien que le monde. Avant que les monnaies fussent inventées, il consistait dans les changes des choses nécessaires à la vie, comme cela se pratique encore aujourd'hui en Laponie, en Sibérie, & chez quelques peuples de l'Asie, de l'Afrique & de l'Amérique. Celui qui fait le commerce s'appelle négociant ; pour être bon négociant il faut connaître l'*arithmétique, le cours des changes, la tenue des livres, les poids & mesures*, & même la langue des pays où on a une correspondance suivie.

De la Navigation.

La navigation eſt la science de la marine & l'art de conduire un vaiſſeau ſur les mers, par le secours des vents, des voiles, de la bouſſole, du gouvernail, des cartes marines, & des observations aſtronomiques au moyen desquelles on peut juger de la poſition où l'on eſt & de la direction qu'il faut ſuivre pour arriver où l'on a deſſein d'aller. On appelle auſſi navigation l'art de conduire des bâteaux ſur les rivières, les fleuves, &c. Ce qui eſt moins difficile & ne demande pas autant d'inſtruction.

De l'Hiſtoire.

L'hiſtoire eſt le récit fidèle des faits & des événemens paſſés. Elle ſe diviſe en

hiſtoire

histoire sacrée qui est celle de ce qui s'est passé par rapport à la vraie religion & au culte de Dieu , parmi les patriarches & les juifs ; puis parmi les chrétiens , depuis le commencement du monde jusqu'à présent ; & en histoire profane qui traite des affaires d'état , des guerres , des gouvernemens , des mœurs , des cérémonies religieuses , des usages , des sciences , des arts, &c. , chez les nations anciennes & modernes.

De la Politique.

La politique est la science de bien gouverner un état : elle consiste à ne rien faire qui ne soit juste & utile. Toute autre politique est fausse et funeste.

De la Mythologie.

La mythologie est l'explication de la fable & de la religion des païens , qui n'était qu'une copie altérée de l'histoire sainte. Elle consistait en l'ado-

K

ration des faux dieux qu'ils avaient ima-
ginés , & à qui ils avaient donné différens
attributs.

Les sept merveilles du Monde.

Les sept merveilles du monde , sont
sept monumens qui ont excité de tout
temps une admiration générale. Ce sont :
*les Murs de Babylone , les Pyramides d'E-
gypte , Jupiter Olympien , le Mausolée , le
Temple de Diane à Ephèse , le Colosse de
Rhodes , le Phare d'Alexandrie.*

De l'Histoire naturelle.

C'est la connaissance suivie de ce que
produit la nature , avant que l'homme s'en
soit emparé pour le mettre en œuvre , on
la divise en trois grandes parties , à l'exemple de la nature qui se divise ainsi ; savoir :
les substances sans organes , telles que les
mines , les minéraux , &c., dont la science

s'appelle Minéralogie ; *les substances orga-niques qui végètent*, telles que les plantes, dont l'étude est nommée *Botanique* ; & les *substances organiques qui vivent*, telles que les animaux, cette dernière étude s'appelle *Zoologie*.

De la Minéralogie.

La Minéralogie est la connaissance des minéraux & de la manière de les tirer du sein de la terre ; il y en a de deux sortes : ceux qui peuvent se fondre, ou se forger, qu'on appelle métaux & qui sont au nombre de sept, savoir ; *l'or*, *l'argent*, *le cuivre*, *l'étain*, *le plomb*, *le fer*, & *le mercure* ; & ceux qui n'ont que l'une ou l'autre de ces propriétés qu'on appelle minéraux, tels, que les *cailloux*, les *pierres*, &c.

De la Botanique.

La botanique est la connais-sance des végé-taux, celle de leur structure, de leur usage, de leur situation, de leurs proportions, de leurs organes & l'art de les distinguer & de les décrire.

Tout l'univers est absolument couvert de plantes, & chaque pays produit celles qui lui sont propres. Les botanistes en portent le nombre à plus de vingt-cinq mille qu'ils classent d'après différentes méthodes qu'ils ont imaginé.

De la Zoologie.

La Zoologie est l'histoire de la vie & des mœurs des animaux. Ce mot, dérivé du grec, veut dire, *Discours sur les animaux.* On divise les animaux en six classes, qui offrent des formes, une existence & des mœurs tout-à-fait différentes les unes les autres ; 1.º les *mammifères*, ou animaux à mamelles ; 2.º *les oiseaux* ; 3.º *les amphibies* ; 4.º *les poissons* ; 5.º *les insectes* ; 6.º *les vers ou reptiles.* Les mammifères, se divisent ensuite en cinq ordres : les oiseaux en six ; les poissons en cinq ; les insectes en sept ; & les vers en six.

De la Médecine.

La médecine est l'art de conserver la santé, & de la rétablir lorsqu'elle est altérée : elle se divise en trois parties princi-cipales, qui sont la *physio-logie*, qui traite dè la cons-titution du corps humain en général ; la pathologie qui s'occupe des maladies ; & la thérapeutique qui re-cherche les remèdes propres à la guérison. Un bon médecin doit connaître l'ana-tomie, la chirurgie, la chymie, la phar-macie, la botanique.

De la Chirurgie.

La chirurgie est la partie de la médecine qui consiste à opérer sur le corps humain ; c'est elle qui guérit les plaies, rétablit les fracture, &c. On la divise en théorique qui donne les préceptes généraux pour traiter les maladies, en pratique qui en-seigne à mettre en usage les préceptes de la théorie.

De l'Anatomie.

L'anatomie est la science qui donne la connaissance du corps humain, par la dis-section ; c'est-à-dire, en suivant soigneu-sement la route des artères, des nerfs, des muscles, etc. en examinant la charpente des os après en avoir enlevé les chairs. L'anatomie est la base de la médecine & & de la chirurgie.

De la Chimie.

La chimie est l'étude des corps de la nature, mais sous un autre point de vue que l'histoire naturelle ; elle s'occupe de l'intérieur & des combinaisons. Il ne faut pas non plus la confondre avec la physique qui s'occupe des dehors & des masses. Elle employe deux moyens dans ses travaux, l'analyse ou division , & la synthèse ou composition. Elle a rendu de grands services à tous les arts & aux manufactures par ses découvertes.

De la Pharmacie.

La pharmacie est une des principales parties de la médecine. C'est un art qui enseigne à connaître , choisir , préparer et mêler les médicamens. La connaissance

des drogues fimples eft cette partie de l'histoire naturelle que l'on nomme matière
médicale. La pharmacie enfeigne comment
on doit choisir les médicamens , en quel
temps il faut se les procurer , la manière
de les sécher & de les conferver. La pré-
paration enseigne comment il faut préparer les médicamens fimples avant de les
employer : & la mixtion enseigne à mêler
les drogues fimples pour en former des médicamens compofés. On voit que la chimie
lui eft abfolument néceffaire.

De l'Éloquence.

L'éloquence eft l'art de bien dire , &
le talent de convaincre & de perfuader.
On parvient à convaincre par les preuves
& la manière de les présenter ; on per-
fuade au moyen des mouvemens oratoire
& des ornemens du langage. La fcience
qui enfeigne les principes de l'éloquence
s'appelle la *Rhéthorique*, ou l'art de former
un orateur.   K 4

De la Philosophie.

Le mot philosophie qui vient du grec, signifie *amour de la sagesse*. C'est l'étude de la nature, & de la morale, fondée sur l'observation, l'expérience, & le raisonnement. On la divise en quatre parties, savoir : la *logique*, qui est l'art de bien conduire sa raison, la *morale*, qui enseigne à régler ses mœurs suivans les principes de la vertu, la *physique*, qui est une science d'observation, qui fait parvenir l'homme jusqu'à Dieu, & la *métaphysique*, qui traite de Dieu, de l'ame, des opérations de l'esprit & enfin des choses immatérielles ou intellectuelles.

De la Jurisprudence.

La jurisprudence est la science du droit ou des lois : c'est la connaissance des principes des coutumes, des ordonnances que l'on suit dans chaque pays ou dans chaque tribunal, pour rendre la justice. On la divise généralement en *droit naturel*, qui est la loi naturelle, invariable & uniforme chez toutes les nations ; en *droit des gens*, qui est une jurisprudence dictée par la raison & observée entre les peuples policés, & *en droit civil*, qui est fondé sur les lois et les coutumes que quelque nation a établies, pour en être gouvernée.

De la Théologie.

La Théologie, qu'il faut bien distinguer de la théologie métaphysique, dont nous avons parlé à l'article philosophie, traite aussi de l'essence, des perfections de Dieu et de la connaissance des choses divines ; mais elle prend principalement pour bases les saintes écritures, les décisions des pères de l'église, des conciles, etc.

K 5

INSTRUCTION

Pour les perfonnes qui enfeignent à lire.

A peine les enfans favent-ils lire qu'on leur apprend à réciter des fables. En voici quelques-unes qu'on pourra leur faire lire en attendant de leur mettre entre les mains, celles de la Fontaine, Florian, Fénélon, &c. Comme c'eft une chofe très-difficile que de bien lire les vers, c'eft affez pour les enfans d'un âge tendre & qui n'ont encore que de la mémoire, qu'ils fachent s'arrêter aux endroits où finit le fens , & qu'on les habitue à bien prononcer , bien articuler les mots , & diftinguer le fens de chaque phrafe, fuivant les repos qui y font mé- nagés , & non pas feulement fuivant la mefure des vers & la chute des rimes ; alors on doit être content d'eux : c'eft tout ce qu'on peut raifonnablement leur demander.

Nous avons ajouté aux fables , *le récit de la mort d'Hyppolite* , pour les exercer dans un genre plus élevé.

LE MALADE ET LE CHIRURGIEN

FABLE.

Un malade avait un ulcère
Qui lui faifait fouffrir les plus vives douleurs.
    Emplâtres de toutes couleurs
Etaient bien employés ; mais on avait beau faire:
    Ils étoient employés en vain.
    Le mal allait toujours fon train :
Il fallut fe réfoudre à couper la chair vive.
On fait donc avertir un maître opérateur,
Fameux chirurgien , habile découpeur,
Qui retirait les gens de la fatale rive.
    Notre homme fur le champ arrive,
Tire les inftrumens , fait maint préparatif,
Et met enfin la main fur la trifte victime.
D'abord elle tint bon ; mais quand on fut au vif,
Du malade auffi-tôt la colère s'anime ;
    Il roule des yeux furieux,
    Et parmi fes tranfports fougueux,
Contre fon bienfaiteur il vomit mille injures ,
    L'accable de paroles dures ,
Le traite de cruel, de bourreau , d'affaffin.
L'opérateur pourtant va toujours fon chemin:
    Met l'appareil fur la bleffure ,
Et donne des moyens pour achever la cure.
Tout réuffit au mieux , & l'homme eftropié
    Dans huit jours fe trouva fur pied.
Son bienfaiteur alors vint lui rendre vifite.
    Voici , lui dit-il , l'affaffin
Qui l'autre jour fur vous ofa porter la main :
Il vient fubir ici la peine qu'il mérite.
Ah ! que dites-vous là , lui répondit foudain
Le malade animé par la reconnoiffance ?
Ne me reprochez plus ces mots que la douleur
    M'arracha par fa violence.
Je fens que je vous dois , hélas ! tout mon bonheur:
    Je fens que fans votre rigueur

K 6

. J'aurais traversé l'onde noire :.
Vous serez à jamais présent à ma mémoire ;
  « Vous vivrez toujours dans mon cœur.
    « La rigueur d'un maître sévère
» Quand nous sommes enfans, nous choque & nous déplaît.
» Mais quand la raison nous éclaire,
» Nous voyons qu'elle est un bienfait. »

LE SERIN,

FABLE.

Un serin que le sort avait fait prisonnier
        Ne pouvait pas souffrir la cage.
En vain on lui disait que ce doux esclavage
        Le délivrait de l'épervier.
            En vain pour lui plein de tendresse,
            Son maître s'occupait sans cesse
A lui faire oublier l'ennui de sa prison.
En vain il le formait avec la sérinette,
            Le nourrissait à la brochette,
            Le régalait de maint bonbon,
            Lui traçait dans un paysage,
Des arbres & des champs une fidéle image ;
Tout cela ne put rien sur l'oiseau dégoûté.
Le drôle n'en voulait qu'à la réalité.
Car enfin, disait-il en son petit langage ;
        Cet appareil est bel & bon :
Mais de quelque ornement que l'on pare ma cage,
Elle n'est, après tout, qu'une belle prison.
La liberté, voilà ma seule passion.
Tandis que dans lui-même il parlait de la sorte,
Le maître vient le voir, & par un cas fortuit,
Après avoir garni sa cage d'un biscuit ;
Il oublie en partant d'en refermer la porte.
        On juge bien que le reclus
        Ne rappella point son *Argus*,
Pour lui donner avis de son inadvertance ;
Mais profitant soudain de cette circonstance ;

Sans tarder un moment, sans faire ses adieux,
    Loin de son manoir odieux
    Il s'enfuit d'une aile légère.
Le voilà donc enfin au comble de ses vœux,
Loin d'un maître à son gré, trop dur & trop sévère.
Il comptait, l'insensé, dans ce nouvel état,
    Jouir d'un destin plus prospère ;
    Mais il comptait sans un vieux chat,
Qui sur un toît voisin étant en sentinelle,
    Au moment qu'il battait de l'aîle,
    Vous le croque en guise d'un rat.
» Défions-nous de l'appas agréable
    » Que nous offre la liberté.
» Souvent en terminant notre captivité,
» Elle rend notre sort encor plus déplorable. »

LES BERGERS,

FABLE.

Guillot criait au loup un jour par passe temps.
    Un tel cri mit l'alarme aux champs.
    Tous les bergers du voisinage
Coururent au secours : Guillot se moqua d'eux ;
    Ils s'en retournèrent honteux,
    Pestant contre son badinage,
    Mais rira bien qui rira le dernier :
Deux jours après un loup avide de carnage,
    Un véritable loup cervier,
Malgré notre berger & son chien faisait rage,
    Et se ruait sur le troupeau.
Au loup, s'écria-t-il, au loup : tout le hameau
Rit à son tour : à d'autres, je vous prie,
Répondit-on : l'on ne nous y prend plus.
Guillot le goguenard fit des cris superflus:
    On crut que c'était fourberie.
    « Un menteur n'est point écouté,
    « Même en disant la vérité. »

MORT D'HYPPOLITE.

THÉRAMENE, est-ce toi? qu'as-tu fait de mon fils?
Je te l'ai confié dès l'âge le plus tendre.
Mais d'où naissent les pleurs que je te vois répandre?
Que fait mon fils?

THÉRAMENE. O soins tardifs & superflus!
Inutile tendresse! Hyppolite n'est plus.

THÉSÉE. Dieux!

THÉRAMENE. J'ai vu des mortels périr le plus aimable;
Et j'ose dire encor, Seigneur, le moins coupable.

THÉSÉE. Mon fils n'est plus!
             Hé quoi! quand je lui tend les bras
Les dieux impatients ont hâté son trépas!
Quel coup me l'a ravi?
                 Quelle foudre soudaine....

THÉRAMENE. A peine nous sortions des portes de Trezène;
Il était sur son char : ses gardes affligés
Imitaient son silence autour de lui rangés.
Il suivait tout pensif le chemin de Mycènes.
Sa main sur les chevaux laissait flotter les rênes,
Ses superbes coursiers, qu'on voyait autrefois
Pleins d'une ardeur si noble obéir à sa voix,
L'œil morne maintenant & la tête baissée;
Semblaient se conformer à sa triste pensée.
Un effroyable cri, sorti du fonds des flots,
Des airs en ce moment a troublé le repos;
Et du sein de la terre une voix formidable
Répond en gémissant à ce cri redoutable.
Jusqu'au fond de nos cœurs notre sang s'est glacé.
Des coursiers attentifs le crin s'est hérissé,
Cependant, sur le dos de la plaine liquide,
S'élève à gros bouillons une montagne humide:
L'onde approche, se brise, & vomit à nos yeux,
Parmi les flots d'écume, un monstre furieux.
Son front large est armé de cornes menaçantes;
Tout son corps est couvert d'écailles jaunissantes;
Indomptable taureau, dragon impétueux,
Sa croupe se recourbe en replis tortueux:

Ses longs mugiſſemens font trembler le rivage.
Le ciel avec horreur voit ce monſtre ſauvage :
La terre s'en émeut, l'air en eſt infecté.
Le flot qui l'apporta, recule épouvanté.
Tout fuit ; & ſans s'armer d'un courage inutile,
Dans le temple voiſin , chacun cherche un aſyle.
Hyppolite lui ſeul digne fils d'un héros,
Arrête les courſiers , ſaiſit ſes javelots,
Pousse au monſtre ; &, d'un dard lancé d'une main ſûre,
Il lui fait dans le flanc une large bleſſure.
De ráge & de douleur le monſtre bondiſſant
Vient aux pieds des chevaux tomber en mugiſſant,
Se roule , & leur préſente une gueule enflammée,
Qui les couvre de feu , de ſang & de fumée.
La frayeur les emporte ; & , ſourds à cette fois,
Ils ne connaiſſent plus ni le frein ni la voix.
En efforts impuiſſans leur maître ſe conſume.
Ils rougiſſent le mors d'une ſanglante écume.
(On dit qu'on a vu même, en ce déſordre affreux,
Un dieu, qui d'aiguillons preſſait leur flanc poudreux.)
A travers les rochers la peur les précipite.
L'eſſieu crie & ſe rompt. L'intrépide Hyppolite
Voit voler en éclats tout ſon char fracaſſé.
Dans les rênes lui-même il tombe embarraſſé.
Excuſez ma douleur. Cette image cruelle
Sera pour moi de pleurs une ſource éternelle.
J'ai vu , Seigneur, j'ai vu votre malheureux fils
Traîné par les chevaux que ſa main a nourris.
Il veut les rappeller , & ſa voix les effraie.
Ils courent. Tout ſon corps n'eſt bientôt qu'une plaie.
De nos cris douloureux la plaine retentit.
Leur fougue impétueuſe enfin ſe ralentit.
Ils s'arrêtent, non loin de ces tombeaux antiques ,
Où des rois ſes aïeux ſont les froides reliques.
Je cours en ſoupirant, & ſa garde me ſuit.
De ſon généreux ſang la trace nous conduit.
Les rochers en ſon-teints , les ronces dégoûtantes
Portent de ſes cheveux les dépouilles ſanglantes.
J'arrive, je l'appelle ; & me tendant la main,
Il ouvre un œil mourant , qu'il referme ſoudain :
« Le ciel, dit-il, m'arrache une innocente vie.
» Prends ſoin après ma mort de la triſte Aricie.

» Cher ami ; si mon père un jour désabufé
» Plaint le malheur d'un fils fauffement accufé,
» Pour appaifer mon fang & mon ombre plaintive;
» Dis-lui qu'avec douceur il traite fa captive,
» Qu'il lui rende... » A ce mot ce héros expiré
N'a laiffé dans mes bras qu'un corps défiguré,
Trifte objet, où des dieux triomphe la colère,
Et que méconnaîtrait l'œil même de fon père.

THÉSÉE. O mon fils ! cher efpoir que je me fuis ravi !
Inexorables dieux, qui m'avez trop fervi !
A quels mortels regrets ma vie eft réfervée !

THÉRAMENE. La timide Aricie eft alors arrivée.
Elle venait, Seigneur, fuyant votre courroux,
A la face des dieux l'accepter pour époux.
Elle approche. Elle voit l'herbe rouge & fumante.
Elle voit (quel objet pour les yeux d'une amante !)
Hyppolite étendu fans forme & fans couleur,
Elle veut quelque temps douter de fon malheur ;
Et ne connaiffant plus ce héros qu'elle adore,
Elle voit Hyppolite, & le demande encore.
Mais, trop sûre à la fin qu'il eft devant fes yeux,
Par un trifte regard elle accufe les dieux ;
Et froide, gémiffante, & prefque inanimée,
Aux pieds de fon amant elle tombe pâmée.
Ifmène eft auprès d'elle : Ifmène toute en pleurs
La rappelle à la vie, ou plutôt aux douleurs.
Et moi, je fuis venu déteftant la lumière,
Vous dire d'un héros la volonté dernière ;
Et m'acquitter, Seigneur, du malheureux emploi
Dont fon cœur expirant s'eft repofé fur moi.

JUPITER ET MINOS, *
FABLE.

« Mon fils (difait un jour Jupiter à Minos,)
« Toi qui juges la race humaine,
« Explique-moi pourquoi l'enfer fuffit à peine
« Aux nombreux criminels que t'envoie Atropos ...
« Quel eft de la vertu le fatal adverfaire
« Qui corrompt à ce point la faible humanité ?
« C'eft je crois l'intérèt.— L'intérèt ! non, mon père :
— Et qu'eft-ce donc ? — L'oisiveté.

Par FLORIAN.

---

* Jupiter chez les payens était le plus grand des Dieux, Minos
était juge dans les Enfers.

AVIS AUX MAITRES.

L'Allégorie du P. Brumoi, sur l'Education, doit être la règle de la conduite des meilleurs Maîtres. Il compare le Maître d'Education à un Oiseleur, & les Enfans aux Oiseaux qu'on instruit. Il n'y a pas un trait dans toute la pièce qui ne justifie la justesse de la comparaison. Il adresse la parole à un Maître.

Vous faites apprentissage
Dans le métier d'Oiseleur ;
Ce n'est pas un badinage,
Et cet Art veut un Docteur.
   Oiseaux d'espèce diverse
Vont exiger votre soin ;
Souffrez que je vous exerce,
Et vous prépare de loin.
   Les Oiseaux que l'on cajole,
Négligemment & sans Art,

Pour fruit de ce soin frivole ,
Chantent souvent au hafard .

Cet exercice pénible
Exige un talent heureux ;
Devenez , s'il eft poffible ,
Oifeau vous-même avec eux.

Connaiffez le caractère
De vos tendres Nourriffons ;
L'Oifeleur qui veut bien faire ,
Y conforme fes Leçons.

Craint , fi vous le voulez être ,
Gagnez pourtant leur amour ;
Ils favent trop vous connaître ,
Et vous haïr à leur tour.

Par un éclatant ramage
Ne vous laiffez point frapper ;
Qui juge par le plumage ,
Eft fujet à fe tromper.

Point d'injufte préférence ;
Elle produit des jaloux :
Entr'eux nulle différence ;
Ils font tous égaux pour vous.

Vous en verrez de volages ,
Fixez-les adroitement :
Vous en verrez de Sauvages ,
Corrigez-les doucement.

Mais par un air trop févère
N'aigriffez point leur humeur ;
Il faut tempérer en Père
La crainte par la douceur.

Il eft une heureufe adreffe
De faire goûter les Loix.
N'armez jamais de rudeffe
L'air , le gefte , ni la voix.

Sur l'Oifeleur , quoiqu'il faffe
Le jeune Oifeau fe conduit ;
Et l'humeur du Maître paffe
Dans l'Elève qu'il inftruit.

Un Oifeau dans l'efclavage
Regrette fa liberté ;
Pour lui faire aimer fa cage ,
Il veut être un peu flatté.

Qu'un efprit doux & fincère
Se prête à tous leurs befoins ;

Vous leur tenez lieu de mère,
Vous leur en devez les soins.

Par un trop long exercice
N'effrayez pas vos Oiseaux ;
Que votre Leçon mûrisse
Dans leurs débiles cerveaux.

La Leçon, pour être utile,
Doit leur plaire en s'apprenant ;
Et jamais un Maître habile
N'instruira qu'en badinant.

Faites-leur aimer la gloire
En des combats innocens ;
Récompensez la victoire
De leurs timides accens.

Une faible récompense
Animera leur essor ;
D'un Elève qui commence,
Louez jusqu'au moindre effort.

Frustré de votre espérance,
Ne vous rebutez jamais ;
Le temps, la persévérance,
Amèneront le succès.

Peut-être plein de colère
Briſerez-vous vos Pipeaux ;
Mais tel qui vous déſeſpère ,
Peut répondre à vos travaux.

Apprenez que cette étude
Où votre eſprit s'eſt fixé ,
Eſt des emplois le plus rude
Et le moins récompenſé.

Mais du public avantage
Si votre cœur eſt épris ,
Songez , Tircis , que le Sage
L'achète même à ce prix.

LES MAXIMES

DE L'HONNÊTE HOMME,

OU DE LA SAGESSE.

Craignez un Dieu vengeur, & tout ce qui
　　le blesse :
C'est là le premier pas qui mène à la sagesse.

Ne plaisantez jamais ni de Dieu ni des Saints :
Laissez ce vil plaisir aux jeunes libertins.

Que votre piété soit sincère & solide :
Et qu'à tous vos discours la vérité préside.

Tenez votre parole inviolablement :
Mais ne la donnez pas inconsidérément.

Soyez officieux, complaisant, doux, affable,
Poli, d'humeur égale ; & vous serez aimable.

Du pauvre qui vous doit n'augmentez point les maux ;
Payez à l'ouvrier le prix de ses travaux.

Bon père, bon époux, bon maître sans faiblesse ;
Honorez vos parens, sur-tout dans leur vieillesse.

Du bien qu'on vous a fait soyez reconnaissant.
Montrez-vous généreux, humain & bienfaisant.

Donnez de bonne grace : une belle manière
Ajoute un nouveau prix au présent qu'on veut faire.

Rappelez rarement un service rendu :
Le bienfait qu'on reproche est un bienfait perdu.

Ne publiez jamais les graces que vous faites ;
Il faut les mettre au rang des affaires secrètes.

Prêtez avec plaisir , mais avec jugement :
S'il faut récompenser , faites-le dignement.

Au bonheur du prochain ne portez pas envie :
N'allez point divulguer ce que l'on vous confie.

Sans être familier , ayez un air aisé :
Ne décidez de rien qu'après l'avoir pesé.

A la religion soyez toujours fidèle :
On ne sera jamais honnête homme sans elle.

Aimez le doux plaisir de faire des heureux ;
Et soulagez sur-tout le pauvre vertueux.

Soyez homme d'honneur , & ne trompez personne.
A tous ses ennemis un cœur noble pardonne.

Aimez à vous venger par beaucoup de bienfaits.
Parlez peu : pensez bien , & gardez vos secrets.

Ne vous informez pas des affaires des autres ;
Sans air mystérieux dissimulez les vôtres.

N'ayez point de fierté : ne vous louez jamais ;
Soyez humble & modeste au milieu des succès.

Surmontez les chagrins où l'esprit s'abandonne :
Ne faites réjaillir vos peines sur personne.

Supportez les humeurs & les défauts d'autrui ;
Soyez des malheureux le plus solide appui.

Reprenez sans aigreur , louez sans flatterie ;
Ne méprisez personne , entendez raillerie.

Fuyez les libertins , les fats , & les pédans ;
Choisissez vos amis : voyez d'honnêtes gens.

Jamais ne parlez mal des personnes absentes ;
Badinez prudemment les personnes présentes.

Confultez volontiers : évitez les procès ;
Où la difcorde règne , apportez-y la paix.

Avec les inconnus ufez de défiance ;
Avec vos amis même ayez de la prudence.

Point de folles amours , ni de vin , ni de jeux :
Ce font là trois écueils en naufrages fameux.

Sobre pour le travail , le fommeil & la table ;
Vous aurez l'efprit libre & la fanté durable.

Jouez pour le plaifir , & perdez noblement ;
Sans prodigalité dépenfez prudemment.

Ne perdez point le temps à des chofes frivoles ;
Le fage eft ménager du temps & des paroles.

Sachez à vos devoirs immoler vos plaifirs ;
Et pour vous rendre heureux, modérez vos défirs.

Ne demandez à Dieu ni grandeur ni richeffe ;
Mais pour vous gouverner demandez la fageffe.

FIN.

tion soit une douleur de l'ame, c'est-à-dire, une affliction qui vienne du cœur.

D. *Il ne suffit donc pas de prononcer un Acte de Contrition ?*

R. Non, il faut que cet acte vienne du fond du cœur.

D. *Qu'entendez-vous par une Contrition surnaturelle ?*

R. J'entends qu'il faut que la Contrition soit excitée en nous par un mouvement du Saint Esprit, et par des motifs que la foi nous fournit.

D. *Une personne qui aurait regret de ses péchés à cause seulement qu'ils lui auraient fait perdre son bien, ou sa santé, ou sa réputation, n'aurait donc pas une bonne Contrition ?*

R. Non, parce que la Contrition ne serait que naturelle.

D. *Qu'entendez-vous par une Contrition universelle ?*

R. J'entends qu'il faut que la Contrition s'étende sur tous les péchés, au moins mortels, sans en excepter un seul.

D. *Une personne qui aurait regret de tous ses péchés, excepté d'un seul péché mortel, n'aurait donc pas une bonne Contrition ?*

R. Non, elle ne recevrait la rémission d'aucun de ses péchés.

D. *Qu'entendez-vous par une Contrition souveraine ?*

R. J'entends qu'il faut que la Contrition soit telle que nous soyions plus fâché